오직 믿음으로

타협할 수 없는 복음의 본질

FAITH ALONE: The Evangelical Doctrine of Justification
by R.C. Sproul

Copyright © 1995 by R.C. Sproul
Originally published in English under the title
Faith Alone: The Evangelical Doctrine of Justification
by Baker Books,
a division of Baker Book House Company,
Grand Rapids, Michigan, 49516, U.S.A.
All rights reserved.

Korean Edition published by Word of Life Press, Seoul 1999, 2017
Translated and published by permission.
Printed in Korea.

오직 믿음으로

© 생명의말씀사 1999, 2017

1999년 5월 10일 1판 1쇄 발행
2017년 7월 28일 2판 1쇄 발행

펴낸이 | 김재권
펴낸곳 | 생명의말씀사

등록 | 1962. 1. 10. No.300-1962-1
주소 | 서울시 종로구 경희궁1길 5-9(03176)
전화 | 02)738-6555(본사) · 02)3159-7979(영업)
팩스 | 02)739-3824(본사) · 080-022-8585(영업)

기획편집 | 임선희
디자인 | 박소정
인쇄 | 영진문원
제본 | 정문바인텍

ISBN 978-89-04-02085-0 (03230)

저작권자의 허락없이 이 책의 일부 또는 전체를
무단 복제, 전재, 발췌하면 저작권법에 의해 처벌을 받습니다.

Faith Alone

R. C. 스프로울
안보헌 옮김

오직 믿음으로
타협할 수 없는 복음의 본질

추천의 글

저자와 나는 여러 면에서 관심사가 같은데, 우리 둘에게 가장 소중한 것은 오직 믿음으로 의롭다 하심을 얻는 교리다. **솔라 피데**(Sole fide, '오직 믿음'의 라틴어)는 프로테스탄트 개혁의 내용적 원리다. 오늘날의 복음주의는 성경에 익숙하지 않고 자신의 역사를 모르는 경향이 있다. 그래서 일반적으로 자신이 믿는다고 고백하는 것을 변증할 준비가 제대로 갖추어 있지 않다. 최근 칭의 교리가 몇 가지 측면에서 끊임없이 공격을 당하고 있다. 이런 엄청난 신학적 퇴보 속에서 가장 당황스러운 것 하나는 **솔라 피데**를 반박하는 주범 중 일부가 자신의 정체성을 프로테스탄트라고 주장하는 것이다. 아마도 스프로울 박사는 현대 복음주의자들을 그들의 풍성한 역사로 다시 연결시켜주는 일을 가장 많이 한 사람일 것이다. 특히 그는 수십 년 동안 칭의 교리를 담대하게 옹호해왔다.

본서는 이 주제에 관한 그의 가르침이 매우 잘 정리되어 있다. 복음의 중대한 원리를 명쾌하고 설득력 있게 옹호하는 중요한 책이다. 기꺼이, 매우 열정적으로 추천한다.

_ 존 맥아더(John MacArthur), 매스터스신학교 총장

스프로울은 공적 사역에 참여하는 내내 신학적 오류에 굳게 맞서며 교리적 진리를 위해 몸으로 싸워왔다. 본서에서 그는 오직 은혜로, **오직 믿음으로** 의롭다 하심을 얻는 종교개혁의 교리를 고백하고 지키는 일이 심히 중요함을 보여준다. 그는 항상 다른 사람들을 존중하면서, 세심하고 성경적인 동시에 한결같은 열정으로 나아간다. 이 책은 처음 출간되었을 때처럼 지금도 중요하고 시의적절하다.

_ 팀 챌리스(Tim Challies), Grace Fellowship Church 목사

CONTENTS

추천의 글 · 4
시작하는 글 · 9

1 흑암 가운데 빛 · 14
복음주의의 특징 | 자유주의 개신교 | '주재권 구원' 논쟁 | 칭의 논쟁 | 그리스도 안의 형제자매?

2 복음주의자와 가톨릭교도: 협력인가 대화인가? · 34
한 가지 유비 | 행방불명된 교리 | 복음에 대한 배반 | 대화를 위한 결의문 | 복음주의의 불일치

3 보름스의 위기 · 54
두 번의 청문회 | 회오리바람의 원인 | 대사 논쟁 | 95개조 논제 | 아우크스부르크 논쟁

4 칭의와 믿음 · 74
칭의의 중요성 | 칭의의 근거 | 믿음과 지식 | 믿음과 동의 | 믿음과 피두키아 | 믿음의 다른 측면

5 전가된 의: 복음적 입장 · 108
쟁점 | 칭의에 대한 칼빈의 생각 | 그리스도의 완전한 순종 | 법적 의제? | 분석적 견해와 종합적 견해 | 칭의에 관한 맥그래스의 견해

6 주입된 의: 가톨릭의 입장 · 134
확장과 설명 | 트렌트: 마지막 공의회? | 칼빈의 반박 | 세 가지 교회 법규

7 공로와 은혜 · 156

아우구스티누스와 펠라기우스 | 트렌트 공의회와 반펠라기우스주의 | 공로의 보고 | 보속 행위 | 그리스도의 공로와 보속 | 인간의 공로를 거부함

8 믿음과 행위 · 180

행위와 칭의 | 오직 믿음으로 의롭다 하심 | 상이한 관심사 | 구주와 주이신 그리스도

9 다른 복음은 없다 · 204

이단의 실재 | 믿음의 본질 | 오늘날의 위기 | 하나의 복음 | 동기의 문제

주 · 228

표

1.1 종교개혁의 교리적 원인 · 20
3.1 주요 교황과 교황의 포고 · 64
3.2 마르틴 루터의 활동: 1517–1521년 · 71
4.1 아리스토텔레스가 말하는 원인들 · 85
4.2 프란시스 튜레틴이 말하는 신앙의 일곱 가지 행위 · 104
7.1 펠라기우스주의를 다룬 공의회 · 159
7.2 토마스 아퀴나스의 은혜 분석 · 162
8.1 믿음과 행위 · 182

시작하는 글

불과 1세기 전만 해도 로마 가톨릭교도와 개신교도의 영적 교류가 드물었지만 이제는 둘이 함께 기도하고 성경을 읽으며 마음과 머리와 손을 모아 세속주의와 싸운다. 이 풀뿌리 에큐메니즘은 보편적 신조를 공동 전쟁의 기초로 삼아 많은 열매를 맺어왔다. 그러나 복음 안에서 이루어지는 일치의 겉모습을 실제인 양 착각하는 다소 순진한 면을 보이기도 했다.

오늘날의 정치적이고 도덕적인 논쟁이 종종 공동 행위를 취하게 하는 토대를 만들어주듯이, 성령 은사 운동은 교리적 특성을 상대화하고 체험을 통해 공동 기반을 창출하는 경향을 제공했다.

더욱이 복음주의 개신교의 전도 활동은 복음의 실제 내용을 가리고 현실의 관심사를 부각시키는 경향이 있었다. 혹자는 전도에 너무 바쁜 나머지 정작 복음에는 신경 쓰지 않는다고 말한다. 일례로 빌리 그레이엄(Billy Graham) 목사는 범교단적 전도 대회를 통해 초창기 복음주의자들이 선교와 복음 전도의 열정에 불타올라 세계교회협의회(WCC)를 설립하면서 교리적 사안을 평가 절하한 전철을 밟고 있다. 뿐만 아니라 최근에는 로마 가톨릭에 관한 자신의 견해를 다음과 같이 재확언했다. "나는 나의 신앙이 본질적으로 정통 로마 가톨릭교와 동일하다는 것을 발견했다." [1]

로마 가톨릭과 개신교는 수십 년 동안 상대방을 향했던 상스러운 풍자와 잘못된 정보를 버리고 이제 서로에게 말을 건네고 있다. 이는 양 진영에 아주 다양한 관점이 있음을 드러낸다. 뿐만 아니라 이는 ① 대부분의 개신교도가 자신의 신앙에 대단히 무지하며 ② 종교개혁으로 일깨워진 관심사들을 점점 더 느긋하게 아무 문제가 되지 않는 것으로 보고 있음을 드러낸다.

어떻게 이럴 수가 있는가? 로마 가톨릭의 입장이 바뀌었는가? 그렇지 않다. 개정된 가톨릭교회 교리 문답(Catechism of the Catholic Church)뿐 아니라 제2차 바티칸 공의회 문서는 트렌트 공의회의 신학적 입장을 다시 취하여, 전가된 의에 의한 칭의의 복음을 정죄한다. 따라서 로마 가톨릭이 복음에 맞게 자신의 입장을 변경하지 않았다면, 처음의 입장에서 떠난 것은 분명 다른 편(개신교 - 역주)일 것이다.

복음주의의 동향을 조사한 조지 바너(George Barna), 제임스 헌터(James Hunter), 그리고 몇몇 사람들에 따르면 복음주의는 교리적으로 새롭게 규정되고 있다. 즉 자아관(복음주의자의 77%는 사람이 본성적으로 선하다고 주장한다)에서 구원관(87%는 하나님이 스스로 노력하는 사람을 구원하신다고 주장한다)에 이르기까지 온갖 이유를 대며 로마 가톨릭에 매우 호의적인 태도를 취한다.

종교개혁자들(그리고 1517년에 성경이 가르쳤던 복음이 지금도 여전히 복음임을 믿는 현대 기독교인들)이 제기한 관심사는 고집이나 당파 정신의 표현이 아니었다. 그들은 복음이 교회를 규정하는 것이지 교회가 복음을 규정하지 않는다고 주장했다. 따라서 오늘날 우리는 당파적 입장에 급급하지 말고 복음을 옹호해야 한다.

만일 우리가 "오직 그리스도 때문에, 오직 믿음으로 말미암아, 오직 은혜로 얻는 칭의"라는 공식을 더 이상 근본적이고 충분한 기독교 메시지가 아니라고 믿는다면, 영적 교만에 빠져 공동의 복음 전도 및 선교 전략을 추구하지 못하게 될 것이다. 그리고 성경의 가르침이 이 공식과 실제로 일치한다면, 칭의 교리를 가리거나 부인하거나 옹호하지 않는 복음주의자들은 동일한 입장을 취하는 로마 가톨릭교도들처럼 복음에 충실하지 못하게 될 것이다.

지금도 여전히 로마 가톨릭은 복음주의의 진리와 그 진리를 주장하는 자들을 정죄했던 1564년의 그날과 동일한 믿음을 가지고 있다. 자신들의 결정에는 오류가 있을 수 없고 바뀔 수도 없다고 주장하는 집단에게는 별로 놀라운 일이 아니다. 그러나 개신교 종교개혁자들의 후예가 이와 같은 칭의 교리를 더 이상 복음을 규정하는 본질적이고 핵심적인 것으로 보지 않는다면 깊은 슬픔과 비탄에 잠길 일이 아닐 수 없다.

오늘날 기독교적 일치를 규정하는 것은 다름 아닌 공동의 도덕적, 혹은 정치적 의제, 공동의 경험, 공동의 열정과 경건이다. 복음주의자란 한때 "보편적인 신조, 오직 성경(Sola Scriptura)이라는 형식적 원리, 오직 믿음(Sola fide)이라는 실질적 원리를 받아들이는 사람"을 뜻했다. 그런데 이제는 공동의 '영성', 즉 회심자를 만들기 위한 관심사, 믿음의 체험적 측면에 대한 강조, 그리스도와의 개인적인 관계를 가리키는 듯하다. 그러나 몰몬교와 다른 사교들이 점차 이와 같은 '복음주의적 영성'을 채택하고 있기에, 교리적으로 명백한 일치를 규정하지 못하는 사람은 이 열정적이고 깊이 헌신한 사람들에게 왜 우리가 그들과 교제할 수 없는지 설명해야 할 때 난감해질 것이다.

오늘날 유수한 복음주의 기관에서는 오직 믿음에 의한 칭의가 더 이상 필요하지 않을 뿐 아니라 참되지도 않다고 주장하는 신학 교수를 쉽게 발견할 수 있다.[2] 복음주의의 많은 설교, 가르침, 출판, 방송, 복음 전도에 자조(自助) 교훈과 천박한 감상주의가 꾸준히 퍼져서 칭의에 관한 공식적인 입장이 모두 매장되고 있다.

종교개혁자들에게 칭의는 복음의 일부도 아니고, 안전하게 보존하려고 금고에 넣어둔 문서의 '작은 활자'도 아니었다. 그것은 '복된 소식'이었으며 "구원을 주시는 하나님의 능력"으로 그리스도인이 알아야 할 가장 중요한 일이며 멀리, 그리고 널리 선포해야 할 것이었다.

이처럼 중대한 시기에 스프로울은 위대한 성경적 선언을 읽기 쉽고 현실에 맞는 책으로 펴냄으로써 교회에 크게 이바지하고 있다. 종교개혁은 교황주의와 미신과 마리아와 성인 숭배처럼 오늘날의 복음주의가 우선적으로 생각하는 주제에 관심이 없었다. 무엇보다도 종교개혁은 복음의 참된 의미에 관한 로마 가톨릭의 혼동에 이의를 제기했다.

어떻게 거룩하신 하나님께서 죄인인 나를 받아들이실 수 있는가?

이것은 참으로 자신과 자신의 불의함을 아는 자들의 마음에 던져진 질문이었다. 만일 이런 질문이 오늘날 (그리스도인을 포함한) 사람들의 양심을 흔들어 놓지 않는다면, 그것은 하나님의 말씀이 변했기 때문이 아니라 우리가 우리 문화에 유혹당하여 잘못된 질문을 던지고 있기 때문이다. 즉 복음이 부적절한 것이 아니라, 우리가 열정적으로 활동하지만 교만하게, 흑암의 세력을 물리치는 십자군처럼 주제넘게 나서기 때문이다.

우리의 어두운 시대를 밝힐 유일한 횃불은 복음이다. 이 책에서 우리는 우리의 진보를 가로막는 장애물을 살펴볼 것이다. 마르틴 루터(Martin

Luther), 필립 멜란히톤(Philipp Melanchthon), 마르틴 부처(Martin Bucer), 존 칼빈(John Calvin), 근대 선교 운동의 영웅들, 조지 휘트필드(George Whitefield), 조나단 에드워즈(Jonathan Edwards), 찰스 스펄전(Charles Spurgeon), 그리고 수많은 세계 복음주의 형제자매와 더불어 스프로울은 우리에게 기독교 신앙 전체를 지탱하는 골격을 보여 준다. 그는 정확함과 따뜻함과 겸손함과 열정을 가지고 이 '복된 소식'이 왜 부적절한 역사적 유물이 아니라 현대 기독교의 폭풍우 치는 포구에서 만세 반석이 되는지를 우리에게 상기시킨다.

들을 귀를 가진 자들에게는 그의 노력이 수포로 돌아가지 않을 것이다.

마이클 호튼(Michael Horton)

1
Faith Alone

구원 얻는 믿음은 오직 그리스도의 의만 칭의의 근거로 삼을 것을 요구하는가? 아니면 복음에 대한 다른 견해를 가져도 여전히 그리스도인이 될 수 있는가?

_ R. C. 스프로울

흑암 가운데 빛

 스위스의 옛 도시 제네바의 제네바대학 근방에는 아름다운 공원이 있고, 그 가까이에 존 칼빈이 매일 설교하고 가르쳤던 교회가 있다. 이 공원에는 16세기의 종교개혁을 기리는 영구적인 기념물이 있는데 그중에서도 핵심이 되는 기념물은 존 칼빈과 존 녹스(John Knox), 울리히 츠빙글리(Huldrych Zwingli), 테오도르 베자(Theodore Beza) 등이 조각되어 있는 장엄한 벽이다. 돌에는 라틴어로 '흑암 뒤에 빛'(Post tenebras lux)이라는 말이 새겨져 있다.

 이 말은 종교개혁을 이끌어 간 힘을 잘 표현하고 있다. 여기서 '흑암'이란 중세 후기에 있었던 복음의 일식(日蝕) 현상을 가리킨다. 복음이 점점 어두워질 대로 어두워져 흑암에 이르렀고, 오직 믿음으로 의롭다 하심을 얻는다는 신약 교리의 빛도 꺼진 것이나 다름없었다.

 종교개혁의 불기둥은 교회사에서 가장 치열한 논쟁거리였던 주제로 불타올랐다. 교회는 과거, 특별히 4, 5세기에 그리스도의 본성 문제로 심각한 위기를 맞았다. 4세기 아리우스파는 니케아 공의회와 그에 따른 신앙고백, 즉 니케아 신조에서 극에 달했다. 5세기에는 단성론(單性論)자들과 네스토리우스파에 맞선 교회의 투쟁이 있었고, 그 결과 칼케돈 공의회가 열려 그리스도의 인성과 신성에 관한 명백한 선언을 하기에 이르렀다. 니케아와 칼케돈 공의회 이후 종교 회의들의 전(全) 교회적 결정은 역사적인 기독교 정통 신앙의 기준이 되었다. 그 결과 삼위일체 및 그리스도의 신성과 인성의 연합에 대한 교리는 거의 모든 사람에게 기독교 신앙의 본질적 교리로 받아들여졌다.

교회사에 등장하는 세대마다 끊임없이 교리적 투쟁과 논쟁을 거듭해왔다. 온갖 종류의 이단이 교회를 괴롭혔고, 격렬한 주장을 하며, 때로는 분열도 초래했다.

그러나 칭의에 관한 논쟁만큼 격렬하고 장기적인 결과를 가져온 교리 논쟁은 없었다. 16세기에는 다른 부수적인 주제도 논쟁의 도마에 올랐지만, 칭의만큼 핵심적으로 과열되었던 주제는 없었다.

역사가들은 종종 칭의를 종교개혁의 질료인(質料因, material cause)으로 서술한다. 즉 칭의는 이 논쟁의 본질적이고 핵심적인 주제였다. 기독교 세계를 그 어느 때보다 심하게 분열시키고 교회를 수천 개의 교단으로 조각나게 한 것이 바로 이 교리다.

어떻게 한 교리에 관한 논쟁이 그토록 많은 파편을 야기하고 심한 적대감을 불러일으킬 수 있을까? 단지 다투기를 좋아하고 천방지축으로 날뛰는 호전적인 신학자들이 사소한 문제로 논쟁을 벌였던 걸까? 사소하고 아무것도 아닌 일이 되풀이되는 오해 때문에 큰 소동으로 발전된 경우일까?

우리는 마르틴 루터가 이 논쟁에 관하여 어떤 느낌을 받았는지 알고 있다. 그는 오직 믿음으로 의롭다 하심을 얻는다는 사실을 "교회가 서고 넘어지는 조항"(articulus stantis et cadentis ecclesiae)이라고 불렀다. 칭의의 핵심적인 중요성을 말한 이 강력한 확언은 "오직 믿음으로(솔라 피데, sola fide) 의롭다 하심을 얻는다"는 사실을 복음과 동일하게 본 루터의 태도와 관련 있다. 신약의 '복된 소식'은 그리스도의 인격과 우리를 대신한 그분의 사역에 대한 선언뿐 아니라 그 사역의 유익이 어떻게 신자에 의하여, 신자 안에서, 신자를 위하여 획득되는지에 대한 선포를 포함한다.

어떻게 칭의를 얻고 구원을 얻는가 하는 문제가 논쟁의 주된 요점이 되었다. 솔라 피데에 대한 루터의 주장은 칭의의 '어떻게'가 복음 자체에 필수불가결하며 본질적인 것이라는 확신에 근거하고 있었다. 즉 그는 오직 믿음으로 의롭다 하심을 얻는다는 사실을 복음과 구원에 필수적이며 본질적인 것으로 보았다.

복음은 기독교 신앙의 핵심이므로, 루터와 다른 종교개혁자들은 칭의 논쟁을 기독교의 본질적 진리, 즉 삼위일체나 그리스도의 양성 못지않게 본질적인 교리와 관련된 논쟁으로 보았다. 복음이 없으면 교회는 넘어진다. 복음이 없으면 교회는 더 이상 교회가 아니다. 때문에 종교개혁자들은 다음과 같은 논리를 따랐다.

1. 오직 믿음으로 의롭다 하심을 얻는다는 사실은 복음의 본질이다.
2. 복음은 기독교와 구원의 본질이다.
3. 복음은 참된 교회로 가는 교회의 본질이다.
4. 오직 믿음으로 의롭다 하심을 얻는다는 사실을 거부하는 것은 복음을 거부하는 것이며, 교회로 서지 못하는 것이다.

종교개혁자들은 로마 가톨릭이 솔라 피데를 거부하고 정죄한 것은 사실상 스스로를 정죄한 것이며, 그들은 더 이상 참된 교회가 아니라고 결론 내렸다. 이는 성경적인 기독교와 참된 복음으로 참된 교회를 유지하려는 새로운 교회, 혹은 교단의 창출을 재촉했다. 그들은 복음의 빛이 완전히 사라지려는 위험에서 벗어나려고 했다.

여기서 일식의 은유가 도움이 된다. 일식이 되었다고 해서 태양이 파괴되는 것은 아니다. 일식은 단지 태양의 빛을 가리는 것이다. 빛이 있던 곳에 흑암을 가져온다. 마찬가지로 종교개혁은 복음의 빛이 다시금 충만하고 환하게 빛나 분명하게 볼 수 있도록 복음의 일식을 제거하고자 했다.

스스로를 복음주의자로 생각하는 사람들은 16세기에 복음이 환하게 빛났다는 사실에 별로 반기를 들지 않는다. 16세기 개신교 교회의 모습이 완전했던 것은 아니지만, 그 시대에 있었던 경건의 부흥은 온전한 빛 가운데 있는 복음의 능력을 입증하는, 기록할 만한 일이다.

복음주의의 특징

복음주의자는 한 가지 이유 때문에 복음주의자로 불린다. 하지만 시간이 흐르면서 단어가 다양한 문화적 상황에서 용법 변화를 통해 유동적으로 발전하듯이, 복음주의자를 복음주의자로 부르는 이유도 변할 수 있다. 즉 언어는 변한다. 말은 때로 근본적으로, 때로는 미묘한 느낌과 의미에서 변화를 겪는다.

사전학이 바로 그런 변화를 다룬다. 사전 편찬자는 낱말을 정의하는 과정에서 두 가지 요소에 주로 관심을 쏟는다. 첫 번째 요소는 어근, 혹은 파생이다. 우리는 현재 용법에 관한 통찰을 얻기 위하여 낱말의 원뿌리와 역사적 의미를 찾는다. 하지만 낱말과 그 의미가 바뀔 수 있고 실제로 종종 바뀌기 때문에 낱말의 현재 의미를 발견하려 할 때 낱말의 어근만 살피는 것으로는 충분하지 않다. 철학자이자 언어 분석의 주요 창시자인 루트비히 비트겐슈타인(Ludwig Wittgenstein)은 낱말을 동시대에 사용되는, 혹은 '관용적' 용법으로 이해해야 한다고 주장했다.

낱말은 한 민족의 관습을 형성하는 부분이다. 그 민족이 변하는 것처럼 낱말도 변한다. 가령 '스캔'(scan)이라는 말을 살펴보자. 학생들에게 교과서를 "훑어보라"(scan)고 말하면 그들은 자신이 무엇을 해야 한다고 생각할까? 아마도 그들 대부분은 교과서를 가볍게 대충 읽으면 된다고 생각할 것이다.

하지만 역사적으로 'scan'이라는 말은 세부적인 것에 관심을 고정시키고 꼼꼼히 살피는 것을 뜻했다. 항공관제원들 사이에서는 이 단어가 여전히 그런 뜻을 담고 있다. 즉 그들에게 레이더 '탐지'(scan)는 공중의 비행기를 느슨하게 대충 보는 것이 아니다. 의사가 찍는 '뇌 주사 사진'(brain scan)도 무심결에 '한 번 훑듯이' 보는 것과 다르다.

'scan'이라는 말이 'skim'과 발음이 비슷해서 사람들은 두 단어를 혼동하기 시작했다. 이렇게 혼동하는 통에 'scan'은 원래의 뜻과 정반대의 뜻을 가진 과정을 가리키는 데 쓰이기 시작했다. 그렇다면 'scan'의 정확한 뜻은 무엇인가?

대부분의 현대 사전 편찬자는 용어의 동시대적 용례에서 일어난 혼동 때문에 두 가지 뜻을 다 인용할 것이다. '복음주의'(evangelical)의 뜻 역시 이와 같은 유동적인 발전과 변화와 혼동에서 벗어나지 못하기 때문에 여기서는 언어의 특징을 자세히 설명해보겠다. '이반젤리컬'(evangelical)의 어원은 간단하다. 이 말은 신약에서 복음을 뜻하는 헬라어 '유앙겔리온'(euangelion), 즉 'evangel'에서 나왔다. 역사적으로 'evangelical'은 말 그대로 '복음서 기자'를 뜻했다. 따라서 오직 믿음으로 의롭다 하심을 얻는다는 종교개혁의 교리를 받아들인 개신교도들이 이 말을 사용했다.

만일 종교개혁이 '형상인'(形相因, formal cause)과 '질료인'(質料因, material cause)의 두 가지 주된 원인을 갖고 있다면, 역사적 복음주의도 두 가지 원인을 갖는다. 즉 종교개혁의 형상인은 '솔라 스크립투라'(Sola Scriptura)라는 공식으로 선포되었다. 이 말은 양심을 절대적으로 구속할 권위를 갖는, 기록된 특별 계시의 유일한 원천이 성경이라는 뜻이다. 따라서 '질료인'은 '솔라 피데'라는 공식으로 선언되며, 이는 오직 믿음으로 의롭다 하심을 얻는다는 것을 뜻한다.

표 1.1 종교개혁의 교리적 원인

	형상인	질료인
라틴어	솔라 스크립투라 (Sola Scriptura)	솔라 피데 (Sola Fide)
번역	오직 성경	오직 믿음
설명	성경은 교리 문제에서 절대적인 권위를 갖는다	칭의는 오직 믿음으로 말미암은 은혜에 의한 것이다

수세기에 걸쳐 복음주의는 폭넓고 다양한 형식으로 나타났다. 다양한 교단이 각각의 교리적 특색을 갖고 등장했다. 특히 성례와 교회 정치와 예배를 포함한 많은 신학적 요점을 둘러싸고 개신교가 분리되었다.

우리는 복음주의의 기치 아래서 아르미니우스주의, 칼빈주의, 루터주의, 세대주의, 그리고 기타 많은 '주의'의 상이한 구원론과 종말론이 펄럭이는 것을 보아왔다. 다시 말해 그동안 '복음주의'라는 말은 폭넓은 '종'(種)들을 포괄하여 하나로 묶어 통일하는 '유'(類) 노릇을 했다. 복음주의의 일치를 이루는 응집력 역할을 한 두 개의 중요한 교리는 성경의 권위와 오직 믿음으로 의롭다 하심을 얻는다는 사실이었다. 역사적으로 개신교는 많은 쟁점을 둘러싸고 나누어졌지만 사도신경, 니케아 신조, 칼케돈 신조와 같은 에큐메니컬 신조에서 나오는 중요한 교의를 인정할 때뿐 아니라 이 두 요점에서도 하나가 되었다.

자유주의 개신교

19세기에 복음주의의 일치는 공격을 받아 해체되기 시작했고, 탈계몽적 현대주의의 수용은 19세기 자유주의 신학의 도래와 함께 고조되었다.

19세기 자유주의는 단순히 편견이 없거나 막연한 그 무엇을 가리키는 것이 아니다. 그것은 역사적인 기독교로부터 체계적으로 이탈한 특정 사조를 가리킨다.

데이비드 슈트라우스(David Strauss), 빌헬름 브레데(Wilhelm Wrede), 아돌프 하르낙(Adolf Harnack), 알브레히트 리츨(Albrecht Ritschl), 프리드리히 슐라이어마허(Friedrich Schleiermacher), 그 밖의 여러 사람이 이 운동과 관련이 있다. 기독교는 초자연적인 것을 탈피했고, 하나님의 영감으로 이루어진 성경이 거부되었으며, 복음은 가치나 윤리나 사회적 관심사 문제로 축소되었다. 월터 라우센부쉬(Walter Rauschenbusch) 등의 사회 복음은 개인적 죄책과 형벌에서의 구속을 통해 하나님과 개인적으로 화목하는 것으로부터 사회적·문화적 갱생으로 관심을 돌렸다.

20세기 초에 일어난 근본주의와 현대주의의 논쟁은 교회의 믿음과 선교에 관한 격렬한 투쟁으로 얼룩졌다.

금세기 동안 **복음주의**라는 용어는 **프로테스탄트**의 동의어로 쓰이지 않고 자유주의적 프로테스탄트와 보수주의적 프로테스탄트, 현대주의적 프로테스탄트와 근본주의적 프로테스탄트를 구분하는 말로 쓰이기 시작했다. 성경의 권위와 오직 믿음으로 의롭다 하심을 얻는다는 두 교리도 20세기 복음주의의 핵심 요소로 확고부동하게 유지되었다.

하지만 자유주의의 확장이 가속화되면서, 소위 주류 교단을 통하여 복음주의라는 낱말이 새로운 어취를 갖기 시작했다. 이제 복음주의자는 주로 사회적·문화적 측면에서 이해되는 구원과 구별되는, 즉 개인적인 믿음을 통한 개인적 구원을 믿는 사람이 되었고, 개인 전도는 복음주의자의 역점이 되었다. 많은 사람에게 **복음주의**라는 말은 이제 **복음 전도**와 동의어로 쓰이기 시작했다.

수십 년 동안 복음주의자는 사회, 문화, 정치 문제에 대한 교회의 참여에 의혹의 눈초리를 보내며 교회의 복음 전도 사명을 강조하는 듯했다. 교회의 사명과 관련하여 개인적 관심사와 사회적 관심사 사이에 부자연스러운 분열이 일어났던 것이다. 사회적 행위는 이제 '자유주의'의 의제가 되었고 '개인 전도'는 보수주의의 의제가 되었다.

또한 '거듭난 그리스도인'이라는 표현이 유행하게 되었다. 역사적으로 기독교는 타락한 죄인이 기독교에 귀의하는 조건으로 성령에 의하여 중생해야 함을 한결같이 고백했지만, 언제인가부터 신앙을 고백하는 일부 그리스도인이 "거듭난 그리스도인"이라는 말로 자신을 구별했다.

하지만 이 표현은 19세기 자유주의가 기독교의 본질과 그리스도인의 의미에 관하여 불러일으킨 혼동을 부각시킨다. 즉 역사적으로 '거듭난 그리스도인'이라는 표현은 중언부언처럼 들린다. 필요 없는 말이 들어 있다. 고전 신학은 누구나 그리스도인이 되려면 중생이 필요하기 때문에 중생하지 못한(거듭나지 못한) 그리스도인은 없다고 주장할 것이다. 이처럼 거듭남은 성령이 한 개인을 죄인에서 신자로 바꾸심을 뜻한다. 따라서 '거듭난 비그리스도인'이라는 말은 존재할 수 없다.

일반적으로 그리스도인이라면 중생한 사람이며, 중생했다면 그리스도인이라고 생각해왔다. 그러나 19세기 자유주의와 현대주의는 이 모든 것을 바꾸어버렸다. 기독교는 핵심부터 다시 규정되기 시작했다. 이전의 전제로는 더 이상 충분하지 않았다. 수백만 명까지는 아니어도 수천 명의 개신교 교인이 스스로 그리스도인이라고 내세우면서 역사적 기독교의 믿음과 교리의 범주를 거부했다.

20세기 후반에는 복음주의의 관심사에 현저한 변화가 일어났다. 몇몇 요인이 결합되어 다음의 변화를 일으켰다.

첫째, 복음주의자들이 개인 전도와 사회적 관심과 행위의 이분법이 그릇되다는 것을 깨닫기 시작했다. 그들은 하나님이 결합하신 것을 복음주의가 나누었음을 깨달았다. 역사적, 성경적 기독교는 개인의 구속과 사회적 관심을 기독교 신앙의 핵심 요소로 보았다. 이는 이것이냐 저것이냐의 딜레마가 아니라 하나님으로부터 온 이중 명령이다. 따라서 복음주의자는 사회 영역에서 적극적인 행동을 취하면서, 개인적으로 그리스도께 귀의하는 일과 사회적 문제 모두에 관심을 보이게 되었다.

복음주의의 면모와 양상을 바꾸는 또 한 가지 요인은 성령 은사 운동의 갑작스런 등장이었다. 이 운동은 1960년대에 강력하게 폭발하여 주류 교단과 로마 가톨릭 교회로 퍼졌다. 사람들은 새로운 '일치'를 경험했으며, 이를 이전의 교단 구분선을 초월하는 일종의 영적 일치(우리는 성령 안에서 하나다)로 표현했다. 교리의 차이는 다양한 교회적, 신학적 배경에서 나온 사람들이 체험하는 새로운 교제에 가려져 평가 절하되기 시작했다.

동시에 자유주의 신학은 성경의 신뢰성과 확실성을 반대하는 비평의 봇물을 터뜨리며 복음주의 집단에 강한 영향을 끼쳤다. 이와 같은 비평의 공격은 일치를 이룬 두 가지 요점 가운데 하나와 관련하여 복음주의 안에 위기를 초래했다. 즉 복음주의자들이 오랫동안 견지했던 무오성의 교리가 공격을 받았다. 해럴드 린젤(Harold Lindsell)은 '성경을 위한 투쟁'[1]에서 이 논쟁을 연대순으로 담았다.

보수적 견해를 정의하고 옹호하기 위하여 '국제성경무오협회'(The International Council on Biblical Inerrancy, ICBI)가 결성되었다. 지난 10년 동안 국제성경무오협회는 복음주의자들을 결집하고, 약화되어 가는 이 일치의 요점을 지지하는 데 이바지했다.

이와 같이 성경을 변호했지만 자칭 복음주의자들 사이에서 벌어지는 일치의 침식은 중단되지 않았다. 역사적으로 복음주의와 관련된 많은 사람과 기관들이 무오성 교리에 등을 돌렸다. 어떤 이들은 좀 더 약화된 '확실성' 견해를 택했고, 어떤 이들은 '제한적 무오성' 견해로 중도를 모색했다. 이 주제에 관한 남침례교의 내분은 세속 매체의 관심을 모으기도 했다.

역사적 일치의 한 버팀목이던 성경의 권위가 퇴보하자 하나의 핵심적인 일치점, 즉 오직 믿음으로 의롭다 하심을 얻는다는 사실만 남게 되었다.

'주재권 구원' 논쟁

20세기의 마지막 사반세기에 복음주의의 일치를 위한 마지막 보루가 포위당했다. 이 문제는 두 가지 분명한 영역에서 명확해졌다.

첫째는 '주재권 구원'(Lordship Salvation) 논쟁 중에 세대주의 진영에서 일어난 소요에서였다. 이 논쟁은 존 맥아더(John MacArthur)와 제인 하지스(Zane Hodges), 찰스 라이리(Charles Ryrie)가 벌인 것이다. 이 논쟁의 주요 문제는 '사람이 예수님을 주(Lord)가 아닌 구주(Savior)로만 받아들여도 구원을 얻을 수 있는가?'였다. 즉 칭의를 위한 필요조건, 혹은 요구 사항이 쟁점이었다. 이 논쟁은 공로와 은혜에 중심을 두지 않고 믿음과 행위에 중심을 두었다 (지금도 그러하다).

이 주제의 핵심에는 다음의 질문이 있다. '구원 얻는 믿음은 **필연적으로** 순종의 행위를 낳는가?' 맥아더는 참으로 구원 얻는 믿음은 필연적이며 불가피하게 순종의 행위를 낳는다고 주장한다. 반면 라이리와 하지스는 신앙이 즉각적으로 순종의 행위를 낳아야 **마땅하지만** 언제나 그렇지는 않다고 주장한다. 이를테면 '육적 그리스도인'(carnal Christian)은 예수님을 구주로 받아들이지만 주로는 받아들이지 않고 죽을 수 있다는 것이다.[2]

맥아더는 이것이 노골적인 형태의 반율법주의이며 성경적인 칭의관과 역사적인 개신교 입장에서 벗어난 이탈이라고 단언한다. 그리고 라이리와 하지스는 맥아더가 일종의 신(新)율법주의를 가르치고 있다고 반박한다.

이 율법주의에 따르면 칭의를 위한 필요조건으로 믿음 외에 행위가 덧붙는다. 양편 모두 상대방이 성경적 복음과 상이한 복음을 전하며, 바울 사도가 갈라디아서 1장에서 선언한 저주 아래 있는 "다른 복음"을 전한다고 주장한다.

세대주의 내부의 이 논쟁이 좀 더 넓은 복음주의 공동체로 흘러들어 갔을 때, 루터파와 개혁파의 지도자들이 연루되었다.

제임스 보이스(James Boice), 마이클 호튼, 제임스 패커(J. I. Packer), 로드 로젠브라트(Rod Rosenbladt) 등이 이 논쟁에 참여했고 기본적으로는 맥아더 편이었다. 존 거스너(John Gerstner)도 마찬가지였다. 물론 그는 다른 핵심적 차원을 덧붙였다. 그는 순종의 행위가 참된 신앙의 필수적이며 불가피한 결과일 뿐 아니라 **즉각적으로** 나타나기 시작하여 믿음과 분리시킬 수 없다고 주장한다.

주재권을 주장하는 진영에서는 그 누구도 행위를 칭의의 **근거**가 된다고 보지 않는다. 오직 그리스도의 사역만이 칭의의 근거를 제공한다고 주장한다. 쟁점은 이것이다. "구원 얻는 믿음을 구성하는 것은 무엇인가? 참된 신앙을 소유한 사람이 그것을 행위로 나타내지 못할 수 있는가?"

나중에 살펴보겠지만 종교개혁자들은 참된 신앙이 필연적으로, 불가피하게, 즉각적으로 행위의 열매를 맺는다고 주장했다. 즉 그들은 칭의가 오직 믿음으로 이루어지지만, 단독적인 믿음으로 되는 것은 아니라고 했다.

이 논쟁의 배후에는 중생할 때 어떤 일이 일어나는지에 대한 핵심적 차이가 숨어 있다. 그렇다면 구원 얻는 믿음을 발휘하는 사람은 변화된 사람인가, 아닌가?

중생했다면 변화된 사람이다. 개혁주의 신학은 중생을 영혼의 성향에 변화를 일으키는 성령의 즉각적이고 초자연적인 역사로 본다. 즉 중생 이전의 죄인은 원죄의 통제를 받아 하나님에 대하여 전적으로 싫어하는 마음을 갖는다. 그는 죄에 자발적으로 속박되어 있으며 그리스도를 향한 갈망이 없다. 따라서 믿음은 중생의 열매다. 신자는 변화된 사람이다. 그는 여전히 죄인이지만 성령의 유효한 사역으로 이미 시작된 영적 반전의 과정을 겪고 있다.

이와 같이 선행의 필연성과 불가피성과 즉각성은 중생의 사역과 관련된다. 또한 칭의에서, 그리고 칭의와 더불어 신자 안에 성령이 내주하시며, 이 내주는 성화의 행위를 일으킨다.

칭의 논쟁

자칭 복음주의자들 사이에서 일어난 이 논쟁은 복음주의의 칭의 교리에 대한 한 가지 위기를 반영한다. 두 번째 논쟁으로 좀 더 심각했던 위기는 로마 가톨릭 신학자와 개신교 신학자의 대화에서 촉발되었다. 수세기 동안 심각한 분열을 일으켰던 이 쟁점을 두고 합의에 도달하려는 노력에서, 이 역사적 논쟁의 몇몇 날카로운 측면이 깎이고 무뎌졌다. 이는 1994년 봄에 널리 공개된 문서에서 볼 수 있다. 그 문서의 제목은 '복음주의자와 가톨릭교도의 협력(ECT)*: 세 번째 천 년의 기독교 사명'이다.[3]

26쪽 분량의 이 문서는 1992년 9월부터 로마 가톨릭 대표와 복음주의 대표가 일정 기간의 협의를 거쳐 내놓은 것이다. 이 문서를 작성하는 데 참여한 사람으로는 애버리 덜즈(Avery Dulles), 조지 와이겔(George Weigel), 리처드

---

* 1994년 4월, 미국의 로마 가톨릭과 일부 복음주의 신학자들이 'Evangelicals and Catholics Together'라는 연대 성명서를 발표했다. ECT라 불리는 이 성명서는 공공 영역에서 복음주의자와 가톨릭교도들 간의 협력을 강조하면서 두 교단이 역사적인 불신과 교리적 차이를 극복하고 사회 문제에 공동으로 대응한다는 목표를 공유했다. 그러나 니케아 신조의 삼위일체론을 비롯한 민감한 부분의 신학적 차이로 많은 복음주의자들이 비판했으며, 특히 존 맥아더, R. C. 스프롤 같은 신학자들은 두 교단의 신학적 합의가 "그릇된 방향으로 나아가는 것"에 대해 우려를 나타냈다. 본서에서 저자는 그러한 ECT의 문제점을 중심으로 프로테스탄트 개혁의 역사 및 기독교의 칭의 교리를 변증한다. _편집자주

존 노이하우스(Richard John Neuhaus), 허버트 슐로스버그(Herbert Schlossberg), 찰스 콜슨(Charles Colson), 리처드 랜드(Richard Land), 프란시스 조지(Francis George) 주교 등이다.

ECT에 로마 가톨릭 교회와 복음주의 교회의 많은 대표자들이 서명했다. 서명자 중 저명한 사람들로는 가톨릭교도인 피터 크리프트(Peter Kreeft), 케이스 푸르니어(Keith Fournier), 마이클 노박(Michael Novak), 존 카디널 오코너(John Cardinal O'Connor), 카를로스 세비야(Carlos Sevilla), 복음주의자인 빌 브라이트(Bill Bright), 오스 기니스(Os Guinness), 제임스 패커, 리처드 마우(Richard Mouw), 마크 놀(Mark Noll), 팻 로버트슨(Pat Robertson) 등이 있다.

이 시점에서 우리의 주된 관심은 복음주의 대표자들이다. 이들 중에는 성령 은사 운동, 남침례교, 대학생선교회(C.C.C.), 풀러신학교, 휘튼대학과 리전트대학 관련자들이 포함되어 있다. 그 면면이 매우 다양하여 현대 복음주의의 스펙트럼을 잘 보여준다. 특히 찰스 콜슨, 빌 브라이트, 제임스 패커, 오스 기니스, 팻 로버트슨처럼 재능 있고 리더십 있는 복음주의자들은 복음주의 세계에서 많은 관심을 끌었다.

ECT 작성자들은 자신들이 개인으로 참여하는 것이지 로마 가톨릭 교회나 다른 교단의 공식 대변인으로 참여하는 것이 아님을 분명히 했다.

"이 성명은 우리 공동체를 공식적으로 대변하는 것이 아니다. 여기에는 우리의 공동체로부터, 그리고 우리의 공동체에 책임 있게 발언하려는 의도가 있다."[4]

이와 같이 ECT는 공동체의 대표들이 공포한 공식 선언이 아니므로 단순히 40여 명의 개인적인 합의로 가볍게 치부할 수 있다. 하지만 이 문서가 그들이 개인적으로 기독교 신앙에 관하여 무엇을 믿는지를 확언할 뿐 아니라, 로마 가톨릭과 복음주의의 신앙적인 공통점이라고 믿는 것이 무엇인지 확언한다는 점을 보지 않으면 안 된다.

ECT는 다음과 같은 진술로 시작된다.

> 우리는 기도와 연구와 토론을 통하여 기독교 신앙과 사명에 관한 공동의 확신에 도달한 복음주의 개신교도와 로마 가톨릭교도다.
> … 이 성명서에서 우리는 우리의 일치점과 차이점에 관하여 발견한 것을 말하고자 한다. 우리는 이 체험을 통해 북미에 병존하는 복음주의자와 가톨릭교도의 독특한 환경과 기회를 깨닫게 되었다. 동시에 우리가 발견하고 결의한 것이 세계 다른 곳의 복음주의자와 가톨릭교도의 관계에도 적절하다 믿는다. 그러므로 우리는 기도하는 마음으로 그들에게 이 성명서를 살펴볼 것을 권한다.[5]

그런 다음 ECT는 기독교 사명의 일치를 확언한다.

> 그리스도께서 한 분이듯 기독교 사명도 하나다. 하나의 사명은 다양한 방식으로 진행될 수 있고, 또 그래야 한다. 그러나 합법적 다양성은 한 분이신 그리스도를 가리고 하나의 사명을 가로막는 현재의 분열과 혼동되지 말아야 한다. 한 분이신 그리스도와 하나의 사명은 다른 많은 그리스도인, 특별히 동방 정교와 일반적으로 복음주의자로 분류되지 않는 개신교도들을 포함한다.[6]

여기서 ECT는 (얼버무리지 않고) 그리스도인의 사명이 하나라고 확언한다.

다양성을 인정하지만 참된 일치를 희생하면서까지 인정하지는 않는다. ECT는 다양성 속의 일치를 선언한다. 이 문서는 가톨릭교도와 복음주의자 외에도 이 사명에 포함되는 다른 그리스도인이 있음을 함축한다. 특별히 두 집단이 명시적으로 언급되는데, 동방 정교의 그리스도인과 비복음주의 개신교도("일반적으로 복음주의자로 분류되지 않는")가 여기에 속한다.

그중 마지막 집단은 모호하게 규정되어 있다. 이는 일반적으로 복음주의자로 규정되지 않는 복음주의적 개신교도가 있다는 뜻인가? 아니면 비복음주의자이면서 그리스도인이 될 수 있다는 뜻인가?

현대주의 논쟁에 비추어볼 때 이는 작은 문제가 아니다. 이 쟁점은 무엇이 기독교의 근본인지, 혹은 본질적인 것인지에 초점을 두었다. 역사적으로 복음주의는 복음이 기독교의 본질이며 복음에 대한 믿음이 그리스도인이 되는 데 필요하다는 것을 강력하게 확언했다. 따라서 만일 복음에 대한 믿음이 구원에 반드시 필요하다거나 본질적이라면, 비복음주의적 그리스도인이란 말은 모순되는 용어다.

이처럼 불분명한 어법은 아마도 그들이 복음을 참으로 믿지만(그런 의미에서 복음주의자지만) 복음주의를 이름표로 사용하는 특정 집단과 관례적으로 일체감을 느끼지 않는 사람이 있음을 뜻하는 것 같다.

그리스도 안의 형제자매?

그런 다음 ECT는 다음의 요점을 부분적으로 명료히 한다. "그리스도를 주와 구주로 영접하는 사람은 누구나 그리스도 안에서 형제자매다. 복음주의자와 가톨릭교도는 그리스도 안에서 형제자매다."[7] 이 진술은 비복음주의적 개신교도에 대한 앞의 진술을 한정하는 듯하다. "그리스도를 주와 구주로 영접하는 사람은 누구나 그리스도 안에서 형제자매다."라는 진술을 제한적인 의미로 받아들일 경우, 그리스도를 주와 구주로 영접하는 것이 그리스도 안에서 형제자매가 되는 필요조건임을 뜻한다. 또한 이는 그리스도를 주와 구주로 영접하지 않는 자는 그리스도인이 아님을 함축한다. ECT가 이를 명시적으로 말하지 않지만 진술 문맥에서 그것을 암시한다.

말 그대로 이 확언은 필요조건에 관한 진술에 그치지 않는 것 같다. 이 확언은 필요조건을 넘어 **충분조건**에 해당한다. 이 진술은 논리학자들이 '보편적 긍정 명제'라고 부르는 것이다. 이는 "모든 P는 Q다."라고 확언한다. 즉 A를 행하는 모든 사람은 B 부류에 속한다. 만일 어떤 사람이 그리스도를 참으로 구주와 주로 영접한다면, 그 사람은 그리스도인이 되는 것이다.

그렇다면 예수님을 구주와 주로 '영접'한다는 것이 무슨 뜻인가? 이 문서는 그 다음에 예수 그리스도를 주와 구주로 믿는 믿음에 관하여 말한다. 아마도 이것은 '참된 믿음의 소유'를 뜻하는 듯하다.

16세기의 종교개혁자들은 분명 그리스도를 구주와 주로 믿는 참된 믿음이 그리스도인이 되는 자격을 준다는 데 동의했을 것이다(이는 '믿음'이 그리스도의 신성과 같은 본질적인 기독교 진리를 부인하지 않는다는 것을 가정한다. 가령 몰몬교도와 여호와의 증인들은 예수님을 구주와 주로 믿는 믿음을 갖고 있다고 주장하지만 그분의 신성을 부인한다). 따라서 그리스도의 인격과 사역에 관한 정통적 견해가 있다면 기본적인 신앙고백만으로도 그리스도인이 되기에 충분할 것이다.

하지만 중대한 문제가 남아 있다. 그리스도를 구주와 주로 믿는 믿음은 성경적 복음에 대한 믿음을 포함하는가? 구원 얻는 믿음은 오직 그리스도의 의만 칭의의 근거로 믿을 것을 요구하는가? 복음에 대한 다른 견해를 가진 사람도 그리스도인이 될 수 있는가?

16세기의 문제는 지금도 논쟁 중이다. 오직 믿음으로 의롭다 하심을 얻는다는 사실은 복음의 필수적이고 본질적인 요소인가? 교회는 참된 교회가 되기 위하여 **솔라 피데**를 고백해야 하는가? 오직 믿음으로 의롭다 하심을 얻는 것을 거부하거나 정죄하는 교회도 참된 교회가 될 수 있는가?

종교개혁자들은 그렇게 생각하지 않았다. 하지만 ECT 작성자와 서명자들은 겉으로 보기에 달리 생각한다. 내가 "겉으로 보기에"라고 말하는 것은 이 문서가 명시적으로 이 쟁점을 다루지 않기 때문이다. 이 문서는 최소한 두 가지 방식으로 읽을 수 있다. 첫째는 로마 가톨릭이 **솔라 피데**를 확언하지 않지만 여전히 (기독교의 다른 본질적 진리 안에서) 그리스도는 구주와 주라고 확언한다고 가정하는 것이다.

둘째는 로마 가톨릭이 **한때** 오직 믿음으로 의롭다 하심을 얻는다는 것을 부인하고 정죄했지만, 이후에 칭의 교리를 상당 부분 수정하였으므로 현재는 오직 믿음으로 의롭다 하심을 얻는다는 교리를 받아들이고 있다고 가정하는 것이다.

ECT는 로마 가톨릭이 참된 교회이며, 복음주의와 로마 가톨릭을 구별하는 교리적 차이가 아무리 심각하더라도 참된 기독교나 개인 구원에 본질적인 것은 아니라고 가정하는 듯하다. ECT는 종종 일반 은혜의 영역이라고 일컫는 활동 영역에서, 다른 말로 하면 사회 정의와 윤리와 종교의 자유와 낙태 등의 문제에서 로마 가톨릭교도와 복음주의자의 협력을 크게 강조한다. 하지만 공동 작업에 대한 요청은 교회의 신학적 사명에 대한 공인된 일치, 특별 은혜, 혹은 구원하시는 은혜와 관계된 사명의 일치에 근거한다.

여기서 분명한 가정은 두 교회가 적어도 본질적 요소에서 공동의 신앙을 공유한다는 것이다.

"복음주의자와 가톨릭교도는 그리스도 안에서 형제자매다."라는 확언은 문제의 소지가 있다. 이는 "모든 복음주의자와 가톨릭교도"라고 말하지 않는다. ECT 작성자들은 분명 가톨릭교 교리나 복음주의를 고백하는 모든 사람이 그리스도 안에서 형제자매가 아니라는 점을 시인할 것이다. 개신교처럼 로마 가톨릭도 가시적 교회가 참된 신자와 거짓 신자로, 알곡과 가라지로 구성된 **혼합된 몸**(corpus per mixtum)임을 분명히 시인했다.

ECT는 단순히 두 교회에만 그리스도 안의 참된 형제자매가 있음을 확언하는 것 같지 않다. 최소한 내가 본 바로는 로마 가톨릭 교회에 그리스도인이 없다거나 로마 가톨릭 교회 바깥에 그리스도인이 없다고 주장하는 사람은 없다. 로마 가톨릭은 원래 키프리아누스(Cyprianus)의 공식 '교회 밖에는 구원이 없다'(Extra ecclesiam nulla salus)를 분명히 확대했다.

심지어 트렌트 공의회도 이 점을 암시했으며, 피우스 9세의 담화(allocution)가 좀 더 많은 정의를 제공한다.[8]

"복음주의자와 가톨릭교도는 그리스도 안에서 형제자매다."라는 진술은 이 사람들이 '참된' 가톨릭교도이거나 '참된' 복음주의자임을 가정한다.

리처드 존 노이하우스는 이 확언이 문서 전체의 핵심이라고 선언했다. 이를 중심으로 신앙과 사명의 일치가 존재한다. 이 확언은 ECT의 핵심이므로, 이 문서에 동의한 복음주의자들과 오직 믿음으로 의롭다 하심을 얻는다는 본질적 특성에 대한 그들의 믿음에 대하여 심각한 우려를 불러일으킨다.

2

Faith
Alone

우리는 오직 믿음으로 의롭다 하심을 얻는다는 사실을 여전히 근본적으로 일치하지 않는 복음의 본질적 내용이라고 보며, 이 점에서 부족하다면 그 어떤 복음이라도 충분하지 않다고 주장한다.

_로마 가톨릭과 복음주의의 결의문

복음주의자와 가톨릭교도:
협력인가 대화인가?

복음주의자와 가톨릭교도의 협력(ECT)은 칭의에 관하여 무엇을 말하는가? 머리말 다음의 첫 번째 주요 단락은 '우리는 이렇게 함께 확언한다'는 제목으로 되어 있다. 그리고 이 단락의 두 번째 문단은 다음과 같다. "우리는 그리스도 때문에 믿음으로 말미암아 은혜로 의롭다 하심을 얻는다는 것을 함께 확언한다. 살아 있는 믿음은 다름 아닌 그리스도의 사랑으로 행동한다."[1]

여기서 칭의와 관련하여 한결같이 긍정적 반응을 보인 핵심 진술이 있다.

첫 번째 확언은 칭의가 **은혜로 인한다**는 것이다. 로마 가톨릭의 칭의 교리를 설명할 때 보겠지만 여기에는 새로운 것이 전혀 없다. 로마 가톨릭 교회는 언제나 칭의가 은혜로 인한 것이라고 주장해왔다. 사람이 은혜 없이 의롭다 하심을 얻을 수 있다거나, 은혜는 단지 칭의를 **촉진**하는 것일 뿐 절대적으로 필요한 것이 아니라는 생각은 로마 가톨릭이 줄곧 반박해오던 것이다. 이단 펠라기우스(Pelagius)를 정죄한 카르타고 종교회의부터 트렌트 공의회에 이르기까지 로마는 이 점을 분명히 했다. 즉 로마 가톨릭의 전통에는 칭의가 **오직 은혜**로 인하며, 신자가 이루는 공로도 모두 '은혜의' 공로라고 강력하게 주장하기까지 한다. "우리는 … 은혜로 의롭다 하심을 얻는다"는 첫 번째 확언에 관한 한, 로마 가톨릭 교회와 복음주의 사이에 논쟁이 없으며 전에도 있지 않았다. 아마도 실제로 트렌트 공의회의 모든 참석자가 칭의가 은혜로 인한 것이라고 확언했을 것이라 말해도 틀리지 않을 것이다.

두 번째 확언에 관해서도 동일하게 말할 수 있다. "우리는 … 믿음으로 말미암아 … 의롭다 하심을 얻는다." 여기서도 로마는 믿음이 칭의의 필요조건임을 언제나 주장해왔다. 종교개혁은 믿음으로 의롭다 하심을 얻는다는 것의 문제가 아니라 **오직 믿음으로** 의롭다 하심을 얻는다는 쟁점과 관련하여 이루어졌다. 다시 말해 논쟁의 핵심은 **솔라 피데**의 **솔라**였다.

세 번째 확언은 "우리는 … 그리스도 때문에 … 의롭다 하심을 얻는다."이다. 무슨 뜻인가? 그리스도가 칭의의 '원인'이 되신다는 것은 종교개혁 시대의 쟁점이 아니었다. 로마 가톨릭은 칭의가 그리스도 없이, 혹은 그리스도를 떠나 있다고 가르치지 않았다(로마 가톨릭은 사람이 의롭다 하심을 받기 위하여 그리스도의 속죄와 그의 주입된 은혜가 필요하다고 확언했다).

거듭 말하지만 로마 가톨릭은 그리스도의 공로가 필요 없다고 보지 않았다. 쟁점은 '그리스도의 객관적 구속 사역이 어떻게 죄인에 의해 주관적으로 획득되는가?'였다. 또한 이 논쟁의 핵심은 칭의의 객관적 **근거**였다. 종교개혁자들은 그리스도의 의가 칭의의 유일한 근거라고 주장했다. 마르틴 루터에게 오직 믿음으로 의롭다 하심을 얻는다는 것은 칭의가 오직 그리스도의 의로 인하며, 그분의 의가 오직 믿음으로 획득된다는 것을 뜻한다.

'오직'이라는 말은 종교개혁의 칭의 교리 전체를 떠받치는 하나의 파격 어법이다. ECT의 연합적 확언에 '오직'이라는 말이 없다는 것이 매우 애석하다. 그 문서가 **오직** 은혜로 인하여, **오직** 믿음으로 말미암아, **오직** 그리스도 때문에 의롭다 하심을 얻는다는 것을 주장했다면, 복음주의자와 로마 가톨릭교도의 평화와 일치를 확보하는 데 더욱 기여했을 것이다. '오직'이라는 말의 명백한 생략은 이 진술을 역사적 복음주의를 위한 재집결점으로 매우 부적절하게 만든다.

이 진술에 대한 맨 처음 반응에서 나는 칭의에 대한 단락이 종교개혁을 무시하고 사실상 종교개혁을 사소한 것으로 만드는 견해로 '후퇴'했다는 사실에 실망감을 표했다. 찰스 콜슨은 이런 평가에 화를 내며 후퇴가 없다고 주장했다. 오히려 그는 ECT 작성자들이 양측이 확언할 수 있는 성경적 칭의관을 분명히 밝히는 데 관심을 두었다고 주장하며 에베소서 2장을 언급했다.

성경은 칭의가 그리스도 때문에(because) 믿음으로 말미암아(through) 은혜에 의한(by) 것이라고 분명하게 선언한다. 성경은 그 이하의 것을 말하지 않는다. 앞으로 제시하겠지만 성경은 훨씬 더 이상을 말한다. 하지만 우리는 ECT에서 그 이상을 완전히 무시하는 후퇴를 만난다. 이는 그 이상을 다룬 교회 역사의 거대한 논쟁을 피해가는 최소공배수 유형의 합의다.

개인적인 대화에서 콜슨은 대화의 양측이 언제나 ECT 진술의 의미에 동의하는 것은 아니라고 지적했다. 여기에는 칭의에 대한 연합적 확언도 해당된다. 가령 로마 가톨릭이 칭의가 그리스도 때문이라고 선언할 때, 이는 역사적 복음주의와 근본적으로 다름을 뜻한다.

하지만 쌍방이 하나의 진술에 동의하면서 거기 사용된 낱말을 동일한 뜻으로 사용하지 않는다면, 그 합의가 진정한 합의인가? 복음주의자들이 칭의는 믿음으로 말미암는다고 말하는 것과 달리 로마 가톨릭교도가 그것을 전혀 다른 뜻으로 말한다면, 그 합의는 참되지 못하다.

한 가지 유비

쌍방에게 더욱 명료한 뜻을 밝힐 것을 요구할 때 그들 간의 참되고 분명한 차이가 확연해진다. 어떤 사람에게는 분명 무례하다는 느낌을 주겠지만 비슷한 시나리오를 가지고 설명하겠다. 내가 몰몬교 지도자들을 만나 '복음주의자와 몰몬교도의 협력: 세 번째 천 년의 기독교 사명'이라는 제목의 공동 성명서를 작성한다고 해보자. 이 문서에서 우리는 다음과 같이 선언한다.

우리는 그리스도께서 선재하시며 뛰어나심을 함께 확언한다. 그리스도께서 선재하시며 뛰어나심을 받아들이는 모든 사람은 그리스도 안에서 형제자매다. 즉 복음주의자와 몰몬교도는 그리스도 안에서 형제자매다. 복음주의자와 몰몬교도는 피차의 교회에서 전향해서는 안 된다.

이후 우리가 (기도와 연구를 통하여) 중요한 합의에 도달했지만 여전히 불일치한 요점이 많다는 점을 자세히 설명한다고 하자. 이 요점들은 해소되지 않았고 앞으로도 결코 해결되지 않을 것이다. 그런 다음 우리가 계속되는 논쟁과 불일치의 10가지 요점을 실례로 열거한다고 하자. 우리는 명시적으로 언급되지 않은 다른 심각한 차이점도 있다고 선언한다. 명시적인 목록은 역사적 몰몬교와 복음주의의 기본 쟁점인 그리스도의 신성을 전혀 언급하지 않는다. 실로 길고 긴 문서 어디에도 그리스도의 신성이 언급조차 되지 않는다. 이러한 상황에서 과연 복음주의 공동체는 어떻게 반응할까?

이 문제에 대한 우리의 대답은 사색을 요구한다. 어떤 사람은 분명 공동 성명서를 기뻐하며 몰몬교 교회가 참된 교회가 아니라는 모든 주장에 분노할 것이다. 그러나 대부분의 복음주의자들은 분개할 것이다. 그리고 이렇게 물을 것이다. "어떻게 당신은 그리스도의 신성을 부인하는 몰몬교도와의 일치를 선언할 수 있습니까? 그리스도의 신성은 성경적 기독교의 본질적 확언 아닙니까? 그리스도의 신성은 보편적 기독교에 꼭 필요한 에큐메니컬 공의회의 확언에 없어서는 안 되는 것 아닙니까?" 이러한 항거가 우렁차고 분명할 것이다.

이 시나리오가 복음주의-로마 가톨릭의 공동 성명서와 어떻게 비슷한 걸까? 나는 이 유비가 어떤 사람들, 특히 그 문서를 작성하고 서명한 사람들의 기분을 상하게 할 것이라고 말했다. 분명 그들은 이 유비가 불공평하고 심히 논쟁적이라고 볼 것이다. 그들은 로마 가톨릭주의를 복음주의와 구별 짓는 모든 것이 아무리 심각해도 그리스도의 신성에 비할 바가 아니라는 점을 재빠르게 지적할 것이다. 유비는 비유할 목적으로 사용된다. 유비는 동일한 것이나 등가물이 아니다. 사과를 오렌지에 비유하는 유비는 효력을 잃는다. 그것도 심하게 효력을 잃는다. 유비는 일대일 대응을 갖는 것이 아니다. 유비는 두 사물의 비슷한 점, 혹은 유사한 점을 지적한다.

이 유비에서 비슷한 것을 보이기 전에 먼저 비슷하지 않은 점을 언급하겠다.

첫째, 로마 가톨릭 교회는 그리스도의 신성을 분명하고 명확하게 확언하며, 이 교리가 기독교에서 본질적임을 일관되게 확언해왔다. 둘째, 로마 가톨릭이 '전통'이라는 신적 계시의 두 번째 원천을 갖고 있지만, 자신들의 교리를 몰몬경에 두지는 않는다.

사실 이처럼 분명한 차이점은 굳이 지적할 필요가 없다. 즉 우리의 논의에서 꼭 필요한 것은 유사점이다. 중요한 접점은 로마 가톨릭과 몰몬교가 구원을 위한 본질적인 진리를 거부한다는 것이다. 이 진술은 두 가지를 가정한다. 하나는 오직 믿음으로 의롭다 하심을 얻는다는 사실이 구원을 위한 본질적 진리이며, 다른 하나는 로마 가톨릭 교회가 오직 믿음으로 의롭다 하심을 얻는다는 사실을 거부한다는 것이다. 만일 이 가정이 정확하다면 로마 가톨릭과 몰몬교의 유사점은 양편 모두 기독교의 본질적 진리를 부인한다는 것이다. 그들은 오직 믿음으로 의롭다 하심을 얻는다는 사실이 본질적이지 않다거나 그리스도의 신성만큼 본질적인 것은 아니라고 주장할 것이다. 때문에 그들은 비유를 불쾌하게 여긴다.

본질의 정도에 대한 검토는 문제가 될 수 있다. 한 교리가 본질적이라면 그것은 본질에 속하며, 그것을 부인할 때 본질적 기독교에서 이탈하지 않을 수 없다. 대부분의 그리스도인은 복음이 기독교의 본질이라는 데 동의하겠지만, 또한 그 대부분이 그리스도의 신성이 본질이라는 데 동의하는 것만큼 이 점에 기꺼이 동의할 것이 명백하다. 그래서 이 주장에 대해 조건부로 이야기했다. 만일 오직 믿음으로 의롭다 하심을 얻는다는 사실이 구원의 본질이고 로마 가톨릭이 오직 믿음으로 의롭다 하심을 얻는다는 사실을 거부한다면, 로마 가톨릭은 기독교의 본질적인 진리를 거부하는 것이라고 결론내리는 것이 불가항력적인 논리라고 말이다.

여기서 나는 현재의 주장을 위하여 '만일'이라는 단어를 사용한다. 하지만 나의 마음에는 그 점에 관하여 '만일'이라는 조건이 없다. 나는 종교개혁자들처럼 오직 믿음으로 의롭다 하심을 얻는다는 사실이 복음의 본질이며, 그것을 로마 가톨릭이 분명하게 거부한다고 확신한다. 다시 말해 만일 이 가정들이 옳다면 유비의 요점은 타당하다. 두 문서는 기독교 신앙의 본질적 진리에 대해 의견이 다른 두 교회의 일치를 선언한다.

두 번째 유사점은 두 문서가 일치를 위한 토대로 성경을 사용한다는 것이다. ECT가 칭의는 그리스도 때문에 믿음으로 말미암아 은혜에 의한 것이라고 확언하기 위하여 성경에 호소하듯이, 내가 만든 가공의 문서는 그리스도께서 선재하시고 뛰어나시다는 것을 몰몬교도와 연합하여 확언하기 위해 성경에 호소한다. 성경은 그리스도의 선재성과 뛰어나심을 분명하게 가르친다. 성경은 결코 그 이하의 것을 가르치지 않는다. 오히려 그 이상의 것을 가르친다.

세 번째 유사점은 두 문서가 쌍방 간에 벌어진 논쟁의 가장 핵심적인 요점에 관하여 침묵한다는 것이다. ECT가 오직 믿음으로 의롭다 하심을 얻는다는 쟁점을 무시하듯이, 내가 만든 가공의 문서는 그리스도의 신성에 관하여 침묵한다. 요점은 명백하다. 어떻게 복음주의자와 몰몬교도 간의 가장 핵심적인 요점을 다루지 않으면서 그들의 일치를 확언하는 성명서를 작성할 수 있는가! 그리스도의 신성에 담긴 핵심적 특성에 비추어볼 때 그런 일치 성명서는 신학적인 코미디가 될 것이다.

유비의 네 번째 유사점은 양측이 중요한 문제에 관하여 공동의 확언에 동의하지만 그 공동 성명서를 각자가 근본적으로 서로 다르게 이해한다는 것이다.

역사적으로 "은혜에 의하여, 믿음으로 말미암아, 그리스도 때문에"라는 진술의 의미가 복음주의자들과 로마 가톨릭 간에 명확히 달랐던 것처럼, 복음주의자들은 그리스도의 선재성과 뛰어나심의 의미에 관하여 몰몬교도와 근본적으로 다르게 이해한다. 즉 정통 기독교는 그리스도께서 영원하시므로 세상보다 선재하신다고 믿는다. 몰몬교는 하나님이 세상을 만드시기 전에 그리스도를 만드셨으므로 그리스도가 세상보다 선재하신다고 믿는다. 이처럼 정통 기독교는 그리스도가 참하나님으로부터 나온 참하나님이시므로 뛰어나시다고 믿는 반면 몰몬교는 그리스도가 모든 피조물 가운데 가장 높으시므로 뛰어나시다고 믿는다.

가공의 문서에 나오는 내 유비의 핵심 요점은 일치의 성명서가 진정한 그리스도의 몸이라고 주장하는 두 교회 간의 가장 핵심적인 쟁점을 무시한다는 것이다.

행방불명된 교리

ECT는 오직 믿음으로 의롭다 하심을 얻는다는 사실을 무시하는가? 앞에서 나는 그 문서 어디에도 이 교리가 명시적으로 언급되지 않았음을 지적했다. 칭의에 관한 긍정적 확언에도 이 교리는 보이지 않는다. 계속되는 차이점을 대표적으로 열거한 목록에도 나오지 않는다. 다만 문서의 세 번째 문단에서 다음과 같은 내용을 읽을 수 있다.

우리는 진리에 순종하면서 서로 간의 신뢰를 강화하기 위하여 좀 더 충분하고 솔직하게 다루어야 할 몇몇 차이점과 불일치를 지적한다. 교리와 예배와 관행과 경건에서 종종 우리를 분열시킨다고 생각되었던 차이점들 가운데 다음과 같은 것들이 있다.

- 복음에 없어서는 안 되는 부분으로서의 교회, 혹은 복음의 공동체적 결과로서의 교회
- 가시적 종교 단체로서의 교회, 혹은 참된 신자의 불가시적 교제로서의 교회
- 성경의 유일한 권위(솔라 스크립투라), 혹은 교회에서 권위 있게 해석되는 성경
- 개별 그리스도인의 '영혼의 자유', 혹은 공동체의 교권(가르치는 권위)
- 지역 회중으로서의 교회, 혹은 보편적 공동체로서의 교회
- 사도적 승계로 임명되는 성직, 혹은 만인의 제사장 됨
- 은혜의 상징으로서의 성례와 규례, 혹은 은혜의 수단으로서의 성례와 규례
- 성체의 성사로서의 성찬, 혹은 기념 식사로서의 성찬
- 마리아와 성인에 대한 기념, 혹은 그들에 대한 예배
- 중생의 성례로서의 세례, 혹은 중생의 증거로서의 세례[2]

이 목록 어느 곳에도 오직 믿음으로 의롭다 하심을 얻는다는 것을 언급하지 않는다. 아니, 사실상 칭의가 전혀 포함되어 있지 않다(사제주의 은폐된 쟁점이 암시되어 있는 것이 아니라면 말이다).

ECT는 이 요점들을 좀 더 자세히 설명한다. "이러한 차이점에 대한 기술이 모두 기록된 것은 아니다. 언제나 입장 차이가 명확하여 이 공식에 나오듯 '혹은'을 확실히 말하기 어렵다."[3]

이 문서는 명시적으로 언급하지 않은 다른 불일치를 언급함으로써 이 목록을 거듭 한정한다. 이 문서 8쪽에 다음과 같은 내용이 나온다. "우리는 서로 간에 불일치가 있음을 부인하지 않고 분명히 확언한다."[4] 9쪽에는 이런 내용이 나온다. "우리는 감히 복음주의자와 가톨릭교도의 깊고 오랜 차이점을 해소할 수 있다고 주장하지 않는다."[5]

'불일치'와 '차이점'에 관한 언급이 무엇을 뜻하든, 우리는 **솔라 피데**가 명시적으로 언급되지 않았지만 분명 그 가운데 포함되어 있다고 결론 내리지 않을 수 없다.

그런데 **솔라 피데**에 대한 명시적 언급이 생략됨으로써 골치 아픈 문제가 생긴다. ECT의 작성자와 서명자들이 ① **솔라 피데**가 로마 가톨릭교도와 복음주의의 본질적 쟁점이 아니거나, ② 근래에 나타난 로마 가톨릭의 발전으로 역사적 논쟁이 해소되었다고 가정했는가?

ECT가 처음 발표되었을 때 나는 그 문서에 서명한 몇몇 복음주의자와 편지를 주고받았다. 그들에게 나는 한 가지 구체적인 질문을 던졌다. '당신은 **솔라 피데**가 복음의 본질적이고 필수적인 요소라고 믿습니까?' 그들 대부분에게서 답장을 받았지만, 아무도 내 질문에 명시적으로 답하지 않았다. 그 결과 그 질문이 여전히 내 머리를 떠나지 않았다. 나는 훗날 '로마 가톨릭과 복음주의의 대화를 위한 결의문'[6]에 서명한 사람들을 제외한 ECT의 작성자와 서명자가 대체 무엇을 믿었는지 확실히 알지 못한다.

ECT가 여전히 **솔라 피데**에 관하여 침묵하기에 나는 작성자들이 그 교리를 기독교의 본질적인 것으로 보지 않았다고 추론했다. 로마 가톨릭이 **솔라 피데**를 거부하고 그 문서는 복음주의자와 가톨릭교도가 그리스도 안에서 형제자매라고 결론 내렸다. 따라서 내가 보기엔 복음주의자와 로마 가톨릭교도 사이에 어떤 차이점이 남든, 그것은 본질이 아닌 듯하다. 그 차이점들이 본질적인 것이라면 두 교회는 서로를 합법적인 그리스도의 몸으로 인정할 수 없다. 기독교 교회와 비기독교 교회 사이에는 신앙의 공동 사명이 있을 수 없기 때문이다.

나는 작성자들이 **솔라 피데**에 관한 오래되고 골 깊은 분열이 해소되었다고 확신하지 않는다면, 그들이 **솔라 피데**를 복음의 본질로 보지 않는다는 추론이 필연적이라 믿는다.

이 주제는 개선되는 것으로 충분하지 않다. 해소되어야 한다. **솔라 피데**는 복음의 본질이거나 아니거나 둘 중 하나다. 제3의 가능성은 없다. 만일 **솔라 피데**가 복음의 본질인데 한 교회가 그것을 부인한다면, 두 교회 중 하나는 복음의 본질을 부인하거나 거부하는 셈이다. 따라서 로마 가톨릭과 복음주의자의 합의는 몇 가지 방식으로 귀결될 수 있다. 하나는 복음주의자들이 **솔라 피데**라는 역사적 입장을 버리는 것이다. 두 번째는 로마 가톨릭이 **솔라 피데**를 공식 교리로 채택하는 것이다. 마지막 세 번째는 **솔라 피데**가 복음의 본질이 아니라는 합의에 도달하는 것이다. 하지만 이중 어떤 일도 일어나지 않았다.

복음에 대한 배반

솔라 피데가 복음과 기독교의 본질이라면, 그리고 만일 로마 가톨릭이 **솔라 피데**를 자신의 교리적 입장으로 채택하지 않았다면 ECT는 복음을 배반하는 심각한 상황에 놓이게 된다. 분명 그 문서에 서명한 복음주의자들은 복음을 배반할 의도가 없을 것이다. 그들의 동기는 복음을 지지하려는 것이 분명했다. ECT의 네 번째 단락에서 그들은 이렇게 선언한다.

그리스도의 대의는 교회의 대의이며 사명이다. 이는 무엇보다도 "하나님께서 그리스도 안에 계시사 세상을 자기와 화목하게 하시며 그들의 죄를 그들에게 돌리지 아니하시고 화목하게 하는 말씀을 우리에게 부탁하셨느니라"(고후 5:19)라는 복된 소식을 선포하는 것이다. 이 복음을 선포하고 이 복음으로 인해 모인 믿음과 예배와 제자도의 공동체를 유지하는 것이 교회의 가장 중요한 의무다. 교회의 다른 모든 과제와 의무는 복음의 사명으로부터 나오고, 이 사명을 향해 나아간다.[7]

이 진술 다음으로 공동 대의의 사회적, 윤리적 영역에 대한 긴 설명이 나온다. ECT가 이 쟁점을 복음 선포의 주된 사명과 분리시키지 않은 것이 주목할 만하다.

분명 ECT의 의도는 복음 선포를 가장 중요한 것으로 요구하는 공동의 사명을 선언하는 것이다. 아무도 복음을 두고 타협하거나, 협상하거나, 배반하거나, 침해하려 하지 않는다.

그러나 현저한 문제가 남아 있다. 복음이 무엇인가?

사도 바울은 사도의 복음 외에 다른 복음 전하는 일에 대하여 갈라디아인에게 경고했다. 그는 누구라도, 심지어 하늘에서 온 천사라도 다른 복음을 전하면 저주를 받을 것이라고 선언했다. 나중에 이 경고에 대해 좀 더 상세하게 분석할 것이다. 여기서는 사도가 오직 하나의 복음만을 시인했다는 것으로 충분하다. 이 사도의 복음은 **솔라 피데**를 필수적이며 본질적인 요소로 포함시켰거나 포함시키지 않았다.

거듭 말하지만 로마 가톨릭이 **솔라 피데**를 부인한다면, 그리고 **솔라 피데**가 복음의 본질적 요소라면, 작성자들의 의도가 무엇이든 ECT는 그 복음을 암묵적으로 배반하는 것이다. ECT 어디에도 종교개혁의 불타오르던 쟁점인 법정적 칭의, 혹은 전가의 개념을 언급하지 않는다.

엄밀히 말해서 칭의의 법정적 특징을 부인하는 교리가 복음인가? 칭의가 부분적으로, 혹은 전적으로 그리스도의 전가된 의 외의 다른 것에 의존한다면, 그것을 성경적 복음이라고 말할 수 있는가?

대화를 위한 결의문

다음은 '로마 가톨릭과 복음주의의 대화를 위한 결의문'이라는 제목이 붙은 호튼-패커 문서의 주된 관심사다. 이 문서에는 7가지 분명한 확언이 기록되어 있지만 우리는 그중 네 가지만 다룰 것이다. 결의문의 제2조항은 다음과 같다.

오직 그리스도 때문에, 오직 믿음으로 말미암아, 오직 은혜로 인하여 의롭다 하심을 얻는다는 교리는 종교개혁 이후 주류 개신교도들이 "교회가 서고 넘어지는 조항"이며, 참된 교회를 거짓된 교회와 구별하는 교의'라고 시인해온 것이다. 이 교리는 칭의와 성화의 확고한 유대를 확언하지만, 칭의가 용서와 받아주심에 대한 하나님의 현재적인 법정적 선언이며, 이 선언에 요구되는 의가 인간의 노력으로 획득되거나 하나님에 의하여 인간의 영혼에 주입되거나 내면적으로 영향을 주는 것이 아니라 믿는 자들에게 전가된 예수 그리스도의 의라는 것을 주장한다. 트렌트 공의회는 이 교리를 받아들이는 자를 정죄했으며, 제2차 바티칸 공의회의 선언을 포함하여 후속된 모든 권위 있는 선언은 행위와 무관하게 오직 믿음으로 인해 거저 주시는 칭의와 그 칭의에서 나오는 구원의 확실성에 대한 이 복음이 로마 가톨릭의 가르침과 조화를 이루지 못한다는 확신을 로마 가톨릭교도에게 심어 준다. 현대 로마 가톨릭에서 신앙과 신뢰의 객관적 대상으로서의 그리스도와 성경적 약속에 대한 강조점이 커지는 점을 기쁜 마음으로 주목한다. **하지만 우리는 여전히 오직 믿음으로 의롭다 하심을 얻는다는 사실을 근본적으로 일치하지 않는 복음의 본질로 보며, 이 점에서 부족하다면 그 어떤 복음이라도 충분하지 않다고 주장한다.**[8]

이 조항은 '오직'이라는 말을 **은혜, 믿음, 그리스도**를 수식하는, 혹은 한정하는 것으로 강조한다.

또한 **솔라 피데**가 "교회가 서고 넘어지는 조항"이라고 말한 루터의 평가를 재확언하며, 이 교의가 참교회와 거짓 교회를 구분한다고 고백한다. 그 다음으로 그리스도의 의의 전가를 칭의에 필요한 조건을 충족시키는 것으로 지적하면서 칭의의 법정적 특징을 분명히 한다.

가장 중요한 것은 **솔라 피데**가 복음의 '본질'이라는 확언이다. 이는 둘 사이에 '근본적' 불일치가 있음을 진술한다.

'**근본적**'(radical)이라는 말은 뿌리를 뜻하는 라틴어 'radix'에서 나온 말이다. 즉 **솔라 피데**와 로마 가톨릭 칭의 교리의 차이점은 이 문제의 뿌리에 놓여 있다. 마지막으로 제2조항은 이 점에서 부족한 그 어떤 복음도 '충분하지 않다'고 주장한다.

여기서 결의문은 평화적인 정신으로 이 쟁점을 토론하고자 하는 저자의 분명한 소망을 나타낸다. 로마 가톨릭의 견해가 '불충분하다'거나 '부족하다'고 지적하는 것은 내가 볼 때 너무 온건한 평가다. 이 진술은 로마 가톨릭이 단점을 갖고 있고 충분치 못하지만 그들의 '복음'이 여전히 '일종의 복음'임을 뜻하는 것으로 해석할 수 있다. 하지만 신약성경은 오직 하나의 복음이 있음을 분명히 밝힌다. '불충분한' 복음은 복음이 아니다. 본질에서 부족한 '복음'은 참된 복음이 아니며, 힘써 거부해야 한다.

우리가 살필 그 다음 조항, 즉 제6조항은 다음과 같이 진술한다.

우리는 어떤 이유로든 칭의, 그리스도의 유일한 중보, 믿음과 성례의 관계, 중생에 대한 신단세설(神單勢說) 등 복음주의 신앙에 관한 로마 가톨릭 교학권의 엄밀한 정의에 분명히 동의하지 않으며, 이런 문제에 대하여 복음주의적으로 생각하고 말하는 로마 가톨릭교도가(로마 가톨릭 교회의 공식 입장에도 불구하고) 참으로 그리스도 안에서 우리의 형제자매임을 확언한다. 우리는 로마 가톨릭 교회에 그런 신자가 많음을 안다. 하지만 로마 가톨릭 교회의 현재 고백에 비추어볼 때, 로마 가톨릭은 모든 신자가 관계를 맺어야 하는 모든 신실한 자의 어머니가 아니며 받아들일 만한 기독교 교회가 아니라고 주장한다.[9]

여기서 결론은 로마 가톨릭 교회 안에 많은 그리스도인이 있음을 인정한다. 하지만 그렇다고 해서 로마 가톨릭 교회를 공식적으로 참되고 믿을 만한 교회로 인정하고 지지하는 것은 아니다. **솔라 피데**에 대한 공식적인 거부로 로마 가톨릭 교회는 기독교 공동체로 받아들여질 자격을 상실했다. 그러나 **솔라 피데**를 기꺼이 받아들이는 로마 가톨릭 교도들은 그리스도 안에서 형제와 자매들이다. 이것은 '로마 가톨릭 교회의 공식적 입장에도 불구하고' 공포된 사실이다.

우리는 특정 종교 단체의 회원이 되는 것이 필연적으로 그 단체의 모든 명시적인 신학적 입장과 일치할 것을 요구하지는 않는다는 사실을 잘 안다. 개신교 교회는 자신의 교리를 표명하는 공식 고백이 바로잡음과 개혁과 변화에 열려 있음을 확언한다.

이 고백은 오류가 없다거나 절대 개혁될 수 없는 것이 아니다. 로마 가톨릭이 자신들의 가르치는 사역에서 무오성을 주장하기 때문에, 오직 믿음으로 의롭다 하심을 얻는다고 확언하면서도 로마 가톨릭 교회에 남아 있는 신자는 교회의 칭의관과 다를 뿐 아니라 가르치는 사역의 무오성에 관한 교회의 견해와도 다를 수밖에 없다.

나는 기독교의 본질을 거부하는 종교 단체에 속한 그리스도인이라면 그 단체를 떠나고 교제를 단절해야 할 의무가 있다고 확신한다. 하지만 로마 가톨릭에 머물러 있는 복음주의자들은 이런 평가에 찬동하지 않거나 자신의 종교 단체가 복음에서 이탈한 것이 심각한 일이 아니라고 믿는다.

ECT에 관하여 갈팡질팡한다면 다음의 요점에 대해서도 갈팡질팡하는 것이다. "로마 가톨릭의 칭의관에도 불구하고 로마를 참된 교회로 인정한다." 오스 기니스, 찰스 콜슨, 빌 브라이트, 마크 놀과 같은 '지도급 복음주의자'는 로마 가톨릭이 참된 교회로서 자격이 없다는 것을 믿지 않은 것이 틀림없다.

그러나 호튼-패커 문서에 서명한 사람들은 다르게 생각한다. 이 문서의 서명자로는 제임스 보이스, 데이비드 웰스(David Wells), 로저 니콜(Roger Nicole), 존 암스트롱(John Armstrong), 에드먼드 클라우니(Edmund Clowney),

톰 네틀즈(Tom Nettles), 로버트 고드프리(Robert Godfrey), 로버트 프로이스(Robert Preus), 존 워윅 몽고메리(John Warwick Montgomery) 등이 있다. 특별히 웨스트민스터, 트리니티, 고든 콘웰, 리폼드 등의 신학교에서 봉사하는 교수들이 많다는 점이 주목할 만하다.

그중 제임스 패커의 입장에 대해서는 약간의 혼동이 있다. 왜냐하면 그는 두 문서에 모두 서명했기 때문이다. 그는 두 집단이 일반 은혜의 영역에서 연합군으로 함께 일하게 하는 데 ECT의 가치가 있다고 강조함으로써 이 점을 해명했다. 다시 말해 패커는 이 문서를 교리적 일치의 형식적인 성명서가 아니라 세속주의의 악에 대항하는 공동 전투의 집결 점호로 본다.

복음주의의 불일치

한때 자칭 복음주의자들 사이에 암묵적으로 존재한다고 가정했던 일치가 이제는 사실상 존재하지 않는다. ECT의 한 가지 영향은 이 문서가 칭의의 문제와 로마 가톨릭에 대한 복음주의자들의 심각한 불일치를 보여주었다는 것이다.

찰스 콜슨은 ECT 작성에 참여한 복음주의자들이 아무것도 포기하지 않았으며, 복음을 두고 타협하지 않았다고 확신한다. 그러나 나를 비롯한 다른 사람들은 이 문서가 복음을 놓고 심각하게 타협했으며, 협상을 통해 역사적 복음주의의 핵심을 버렸다고 믿는다.

내가 틀릴 수도 있고 콜슨이 틀릴 수도 있다. 절대적으로 확실한 것은 이 문제에 관하여 심각한 의견 차이가 있다는 점이다.

콜슨이 이끄는 교도소선교회(Prison Fellowship)는 **솔라 피데**를 교리 성명서에서 분명히 확언한다. 그렇다면 이 단체의 회장이 ECT에 서명한 일은 이 확언과 어떻게 조화를 이루는가? 같은 이유로 나는 대학생선교회(C.C.C.)가 오직 믿음으로 의롭다 하심을 얻는다는 사실을 복음의 본질적 요소로 확언하는지 의심스럽다.

이제는 복음주의 단체와 기관뿐 아니라 칭의 교리 자체에도 그늘이 드리웠다. 칭의의 내용 및 그 본질적 특징에 대한 교리에 혼동이 있다.

ECT가 언론에 발표되었을 때, 크리스채너티 투데이(Christianity Today)에는 이 문서가 **솔라 피데**의 종교개혁 교리를 "정당하게 확언했다"는 티머시 조지(Timothy George)의 말이 인용되었다. 남플로리다 침례교(Southern Florida Baptist)지의 한 사설도 이 문서가 종교개혁의 칭의 교리를 확언한다고 선언했다.

하지만 ECT가 오직 믿음으로 의롭다 하심을 얻는다는 사실을 단 한 번도 언급하지 않으며, 도무지 확언하지도 않기에 나로서는 그런 진술들이 놀라울 따름이다.

오늘날 종교개혁의 빛이 이울고 있다. 종교개혁의 역사적 견해는 이 점에 관한 혼동으로 그 빛이 가려질 위험에 처해 있다. 아마 ECT로 인한 가장 긍정적인 일은 이 문서로 생기는 논쟁 때문에 칭의에 대한 새로운 연구와 종교개혁을 재확언하는 일일 것이다. 논쟁은 종종 많은 열기를 일으키지만 그 열기로부터 빛이 발생하기도 한다.

성경적 복음의 빛은 역사적인 연합보다 중요하다. 이는 사회적, 정치적으로 연합 전선을 펼치는 것보다 훨씬 더 중요하다. 복음은 구원을 주시는 하나님의 참된 능력이다.

우리는 지금 16세기를 살고 있는 것이 아니다. 우리가 봉착하는 문제들은 그 시대의 그리스도인들이 당했던 문제와 여러모로 다르다. 물론 현대 교회에 대한 격렬한 반감 때문에라도 그리스도인들은 가능한 한 협력해야 한다. 일치에 대한 요청은 우리 주님의 한가로운 기도가 아니다. 그리스도인의 일치라는 목표는 모든 시대와 모든 세대가 해야 할 일이다.

하지만 복음은 변하지 않는다. 1세기에 구원을 주시는 하나님의 능력은 오늘날에도 여전히 구원을 주시는 하나님의 능력이다. 우리의 일치는 한 분이신 주님과 하나의 신앙과 하나의 세례에 뿌리를 두어야 한다. 이는 우리가 다른 신앙을 지닐 때 도무지 달성할 수 없는 참된 일치다.

본서의 목적은 **오직 믿음**으로 말미암는 칭의 교리를 성경적, 역사적 맥락에서 탐구하는 것이다.

3

Faith
Alone

그들은 궤짝에 돈이 "짤랑" 하고 떨어질 때 영혼이 연옥
에서 튀어오른다고 주장하는 인간의 어리석음을 전한다.

_마르틴 루터

보름스의 위기

    1521년 4월 17일, 아우구스티누스회 수사였던 마르틴 루터는 이미 논쟁에 휩쓸려 내려진 레오 10세 교황의 대칙서 엑수르게 도미네(Exsurge Domine)[1]의 유죄 선고를 받고 보름스 국회 앞에 섰다.

    새로 옹립된 신성 로마 제국 황제 카를 5세(Karl V)가 루터의 가르침에 대한 청문회를 열기 위해 그에게 출두할 것을 명했다. 이 청문회는 루터의 보호자였던 작센의 현인 선거후(신성 로마 제국에서 독일 황제의 선거권을 가졌던 일곱 명의 제후) 프리드리히가 추진한 것이었다.

    루터는 위험 속에서 죽음을 두려워하며 황제와 여러 독일 군주가 발행한 안전 통행권을 지니고 길을 떠났다. 유개마차로 떠난 이 여행은 15일이 걸렸고,[2] 함께 떠난 몇 명의 친구는 대학 동료와 학생과 동료 수사였다.[3]

    루터는 4월 16일에 보름스에 도착했다. 그 장면을 고든 루프(Gordon Rupp)는 이렇게 서술했다. "4월 16일 아침, 트럼펫 소리가 울리자 무리가

문으로 몰려들었고 … 그때 귀족과 기사의 보무당당한 행렬이 요란한 소리를 내며 지나갔다. 마지막으로 작은 유개마차가 심하게 흔들리며 들어왔다. 무리들은 날카롭고 반짝이는 눈으로 뒤를 돌아보는 수사를 보며 수군거렸다."4)

루터는 두렵고 떨리는 마음으로 보름스에 당도했다. 분명 담대함과 용기가 있었지만 그것은 뼈에 사무칠 듯한 두려움을 견디기 위한 용기였다.

루프는 다음과 같이 기록한다.

몇 달 동안 계속된 내적 갈등이 절정에 달했다. 루터는 큰 소리로 떠들어대는 무신경한 광인이 아니었기 때문이다. 원수가 그에게 내뱉던 조롱은 고통스러운 자문으로 메아리쳤다. '나의 심장이 얼마나 자주 뛰었던가. 너 혼자만 지혜로운 자인가? 다른 사람은 모두 잘못되었는가? 얼마나 많은 세월이 무지 가운데 지났는가? 너만 잘못할 뿐 아니라 다른 많은 사람들까지 잘못되게 이끌어 영원히 저주를 받게 하는 거라면 어쩔 것인가?'5)

루터는 필립 멜란히톤과 게오르크 슈팔라틴(Georg Spalatin)에게 자신의 몸부림에 관하여 털어놓았다. "그는 필립에게 '지옥의 문일지라도 나의 대장 그리스도의 지도하에 보름스로 들어가야 하네.'라고 말했다. 그리고 '슈팔라틴, 나는 가네. 지옥의 문과 공중의 권세에도 불구하고 우리는 보름스로 들어가야 하네.'라고 했다."6)

훗날 루터는 그날을 이렇게 기억했다.

"판결이 이미 모든 성읍에 유포되었고, 전령은 내게 그래도 보름스로 갈 것인지 물었다. 육체적으로 몹시 두렵고 떨렸지만 그에게 이렇게 대답했다. '지붕의 기와처럼 마귀가 많다는 것을 발견할지라도 나는 그곳에 갈 것입니다.'"[7]

두 번의 청문회

보름스의 첫 번째 청문회는 루터가 도착한 다음 날인 4월 17일에 열렸다. 청문회는 '주교의 법정'에서 열렸다. "여기서 트리어 주교의 종교법 고문인 요한 폰 데어 에크(Johann von der Eck)는 황제와 선거후와 제후들 앞에서 루터에게 두 가지 질문을 던졌다. '그대 마르틴 루터는 그대의 이름으로 출판된 책을 자신의 것으로 시인하는가? 그대는 이 책들에 쓴 내용을 철회할 준비가 되었는가?'"[8]

루터에게는 4월 17일 오후가 편안하게 지나가지 않았다. 그는 청문회가 시작되기 전에 법정 바깥에서 두 시간을 기다려야 했다. 안으로 들어갔을 땐 청문이나 토론의 기회가 전혀 없다는 것을 알아차렸다. 황제와 교황의 특사 히에로니무스 알레안더(Hieronymus Aleander)는 젊은 사람이 짧은 시간 동안 어떻게 그토록 많은 책을 쓸 수 있었는지 믿으려 하지 않았다.

루터의 변호사 히에로니무스 슈르프(Hieronymus Schurff)는 첫 번째 질문을 반박하고 책 제목을 거론하라고 요구했다.[9]

철회에 관하여 청중들은 루터의 답변을 기다렸다.

"고요한 침묵 속에서 청문회실의 모든 시선이 그에게 집중되었을 때, 루터의 음성은 힘없고 당황한 듯 들렸다. 그는 자신의 저술임을 인정한다 말하고, 그 저술은 신앙과 구원과 하나님의 말씀을 담고 있으므로 고려할 시간을 달라고 했다."[10]

그날 저녁 루터는 방에 홀로 앉아 기도로 자신의 심정을 토로했다. 그의 기도는 옳은 일을 하고 있다는 확신과 용기를 처절하게 구하며 하나님 앞에 두려워 엎드리는 영혼의 모습을 보여준다. 그것은 루터 개인의 겟세마네였다.

오, 전능하고 영원하신 하나님! 이 세상이 얼마나 두려운지요! 세상이 입을 벌려 저를 삼키려 하는 것을 보소서. 저는 주님에 대한 신뢰가 너무도 적나이다. 육신은 얼마나 연약하고 사탄은 얼마나 강력한지요! 제가 오직 이 세상 힘에만 의지한다면 모든 것이 끝입니다! 저의 마지막 때가 다가왔고, 저에 대한 판결이 선포되었나이다.

오, 하나님! 오, 하나님! 오, 하나님! 세상의 모든 지혜를 누르고 저를 도우소서! 그렇게 하옵소서! 그렇게 하셔야 하나이다. 오직 주님뿐이며, 이 일은 저의 일이 아니라 주님의 일이옵니다. 저는 아무 관계도 없고 세상의 큰 자들과 싸울 일도 없나이다! 참으로 저는 저의 날이 평화롭고 행복하게 지나가기를 소원하나이다. 그러나 대의는 주님의 것이며 이는 의롭고 영원한 대의니이다.

오, 주님! 저를 도우소서! 신실하고 변치 않으시는 하나님! 저는 결코 사람을 의지하지 않나이다. 그것은 헛되니, 사람에게 속한 모든 것이 불확실하고 사람에게서 나오는 모든 것이 넘어지나이다.

오, 하나님! 나의 하나님, 저의 말에 귀 기울이지 아니하시나이까? 나의 하나님, 주님은 죽으셨나이까? 그렇지 않나이다. 주님은 죽으실 수 없나이다! 주님은 숨으실 뿐이니이다. 주님은 이 일을 위하여 저를 택하셨나이다. 저는 이 일을 잘 아나이다. 그러므로 행하소서. 오, 하나님, 주님의 사랑하시는 아들 예수 그리스도를 위하여 내 편에 서소서. 그는 저의 방벽과 방패와 견고한 망루이시니이다.

주여, 주는 어디 머무시나이까? 오, 나의 하나님, 주님은 어디 계시나이까? 오소서! 오소서! 저는 어린 양처럼 참으며 주님의 진리를 위하여 제 목숨을 내놓을 준비가 되었나이다. 이는 정의의 대의, 곧 주님의 대의이기 때문이니이다. 오, 저는 지금부터 영원토록 주님과 결단코 떨어지지 않겠나이다! 또한 세상이 마귀로 가득 찰지라도, 주님이 만드신 저의 몸이 죽임을 당하여 길에 내던져져 갈기갈기 찢기고 재로 변할지라도, 저의 영혼은 주님의 것이옵니다! 진정 그러하나이다. 저는 주님의 말씀을 확신하옵나이다. 저의 영혼은 주님께 속하였나이다! 제 영혼은 영원히 주님과 살 것이니이다. 아멘. 오, 하나님! 나를 도우소서! 아멘.[11]

이튿날 루터는 국회 앞에 다시 한 번 모습을 보였다. 이 청문회는 지난번보다 더 길고 청중들도 훨씬 많이 참석하여 붐볐다. 청문회실은 어두웠고 연기 나는 불꽃만이 빛을 비추었다. 요한 에크는 가차 없는 질책부터 시작했다.

황제 폐하께서 그대 마르틴 루터에게 이 시간을 정하사, 어제 그대가 공개적으로 그대의 것이라고 시인한 책에 관하여 대답하게 하셨다. 그대는 자신이 말한 것의 일부를 철회할 것인지, 아니면 그 모든 것을 견지할 것인지에 대해 숙고할 시간을 달라고 요청했다. 사실상 그대는 이미 끝나버린 유예 시간을 받을 자격이 없었으니, 그대가 소환당한 이유를 오래전에 알고 있었기 때문이다. 그리고 모든 사람, 특히 신학 교수는 자신의 신앙에 확고

하므로 그 신앙에 관하여 질문을 받으면 언제든지 확실하고 적극적인 대답을 취할 수 있어야 한다. 이제 그대에게 숙고할 시간을 주신, 관대하신 황제의 요구에 답변하라. 그대의 모든 책을 옹호하려는가? 아니면 그중 일부를 철회하겠는가?[12]

루터는 긴 연설로 답하며 자신의 저술을 여러 부류로 나누고, 아무것도 철회하지 않았다. 그러자 에크는 약이 올라 화를 내며 대꾸했다.

루터, 그대는 요점에 답하지 않았다. 그대는 공의회가 결정하고 판결한 것을 문제 삼아서는 안 된다. 그러므로 나는 그대에게 치우침 없이(non cornutum) 단순하고 진실하게 답변할 것을 부탁한다. 철회하겠는가, 하지 않겠는가?[13]

이 직설적인 명령에 대해 루터는 역사적인 답변을 했다.

황제 폐하와 각하들께서 분명한 대답을 요구하시므로 주저하거나 반항하지 않고 답변하려 합니다. 제가 성경이나 올바른 이성에 비추어 유죄임을 확인할 수 없는 한(왜냐하면 저는 교황이나 공의회가 종종 잘못을 범했고 스스로 모순되므로 그들을 신뢰하지 않기 때문입니다), 그래서 제가 납득할 수 없는 한, 저는 성경 본문에 얽매이고 저의 양심은 하나님의 말씀에 사로잡히며, 그 어떤 것도 철회할 수 없고 철회하지 않을 것입니다. 이는 양심을 거슬러 행하는 것이 옳지도 않고 안전하지도 않기 때문입니다. 하나님, 저를 도우소서. 아멘.[14]

주사위는 던져졌다. 기독교 역사는 분기점에 도달했다. 황제 카를 5세는 분노했다.

루프는 "황제는 조급하고 교만한 몸짓으로 청문회를 끝냈고, 몇몇 사람이 루터가 체포당할 것이라고 생각하면서 혼란이 일어났다"고 전한다. "그러나 그는 편안한 얼굴로 친구들을 대했으며, 그들이 청문회실로 몰려들었을 때 승리한 전사처럼 손을 뻗었다. 루터의 음성은 소음 속에서도 분명하게 울렸다. '나는 한결같습니다! 나는 한결같습니다!'"[15]

카를 5세는 5월 8일에 칙령을 작성하고 5월 26일에 서명했다. 이 칙령에서 그는 루터의 교리를 "이단의 시궁창"이라고 언급했다. 그리고 루터의 청문회 다음 날 연설에서 이렇게 선언했다. "단 한 명의 수사가 개인의 판단으로 나쁜 길에 빠져 천 년 넘게 모든 그리스도인이 견지한 신앙에 반대했다. 그는 지금까지 모든 그리스도인이 잘못했다고 믿는다. 그러므로 나는 나의 모든 소유와 친구와 몸과 피와 생명과 영혼을 이 대의에 걸기로 결심했다."[16]

황제는 루터와 마찬가지로 끝까지 이 쟁점을 두고 싸우기로 결심했다. 그는 계속해서 이렇게 말했다.

"어제 내 앞에서 루터의 완고한 답변을 들은 후, 나는 그와 그의 거짓된 교리에 맞서는 일을 그토록 오랫동안 지체한 것이 매우 유감스러웠다. 나는 결코 어떤 상황에서도 다시는 그의 말을 듣지 않겠다고 결심했다. 그는 안전 통행권을 받아 호위를 받으며 집으로 돌아갈 것이다. 그러나 그는 설교하지 못하며 자신의 악한 신념으로 사람들을 유혹하여 반란을 일으켜서는 안 된다."[17]

회오리바람의 원인

보름스 국회는 제우스의 머리에서 새롭게 튀어나온 게 아니었다. 단독 사건으로 생긴 것도 아니었다. 다양하고 복합적인 사건들이 이어지다가 그 지점에서 절정에 달한 것이었다. 정치적, 경제적, 영적, 신학적 흐름이 합류하여 이 세찬 강을 형성했다.

마르틴 루터 또한 처음부터 급진적 개혁자가 되려고 했던 것이 아니다. 루터의 가장 유명한 전기 작가로 알려진 롤런드 베인톤은 칼 바르트(Karl Barth)의 표현을 빌려 이 사건을 다음과 같이 설명했다. "(루터는) 흑암 속에서 고대 대성당 첨탑의 나선식 계단을 기어오르는 사람과 같았다. 흑암 속에서 그는 침착하려 애쓰며 손으로 밧줄을 잡았고, 울리는 종소리에 그만 놀라고 말았다."[18]

초기 수도원 시절의 루터는 영적으로 안정되지 못했다. 루터가 처절하게 영혼의 평안을 구하면서 남다른 고뇌를 겪었던 것은 분명한 사실이다. 1505년 그는 번갯불 때문에 말에 채인 다음 갑자기 수도원 생활을 결심했다. 즉 공포 가운데서 그는 "성 안나여, 나를 도우소서. 수사가 되겠나이다."[19]라고 외쳤다.

5년 후 루터는 또 한 번 영적 위기를 경험했다. 그의 신앙적 방랑은 로마를 순례하는 동안 밑바닥까지 이르렀다. 거기서 그는 로마 성직자들이 고삐 풀린 말처럼 저지르는 부패로 인해 마음 깊은 곳까지 흔들렸다. 전해오는 말에 따르면, 그가 무릎으로 스칼라 산타 계단(Scala Sancta, 예수님이 십자가에 달리시기 전에 오르셨다고 전해지는 28개의 계단) 꼭대기에 도달한 다음 혼잣말로 "이 모든 것이 참된 것인지 누가 알리오?"[20]라고 했다고 한다. 이 경험을 말하며 그는 양파를 가지고 로마에 갔다가 마늘을 가지고 돌아왔다.[21]

1512년 루터는 신학박사 학위를 받고 비텐베르크대학에서 성경문학과 신학을 강의하기 시작했다. 1513-1515년에 시편을 강의했고, 1515-1516년에는 로마서를 강의했다. 로마서를 마친 후에는 갈라디아서와 히브리서와 디도서를 강의했다. 이러한 강의를 준비하면서 칭의에 대한 그의 생각을 정립했다.

베인톤은 루터의 유명한 '탑의 체험'을 이렇게 기록한다.

나는 간절히 바울의 로마서를 이해하기 원했고, "하나님의 의"라는 표현 외에는 그것을 방해하는 것이 없었다. 왜냐하면 나는 이 구절을 하나님은 의로우시므로 불의한 자를 처벌하실 때 의롭게 처리하신다는 뜻의 '의'로 이해했기 때문이다.

나는 흠 없는 수사였지만 하나님 앞에서 양심으로 괴로워하는 죄인으로 서 있었고, 나의 공로로 하나님의 노여움을 달랠 수 있다는 확신이 전혀 없던 상황에 처해 있었다. 그래서 나는 의롭고 분노하시는 하나님을 사랑하지 않았고, 오히려 그분을 미워하며 불평했다. 하지만 나는 친애하는 바울에게 매달렸고 그의 말뜻을 알고자 간절히 열망했다. 나는 밤낮으로 묵상했다. 결국 하나님의 의와 "의인은 믿음으로 살리라"는 표현의 연관성을 알았다. 그리고 '하나님의 의'란 하나님께서 은혜와 순전한 자비로 우리를 믿음으로 말미암아 의롭다고 선언하시는 것임을 알게 되었다. 그래서 나는 곧바로 거듭나고 낙원으로 열린 문에 들어갔음을 느꼈다. 성경 전체가 새로운 의미로 다가왔다. 이전에는 '하나님의 의'가 나를 미움으로 가득 차게 했지만, 이제 훨씬 큰 사랑으로 말할 수 없이 달콤해졌다. 바울이 쓴 그 구절이 내게는 하늘로 가는 문이 되었다.[22]

이런 각성은 루터가 성 아우구스티누스의 모호한 주석을 읽은 데서 촉발되었다. 아우구스티누스는 바울이 말한 하나님의 의가 하나님 자신의 의가 아니라, 하나님께서 믿음으로 우리에게 주시는 의라고 설명했다.

대사 논쟁

루터의 영적 각성은 1517년 봄 요한 테첼(Johann Tetzel)의 설교 및 행동과 정면으로 충돌했다. 대사(大赦, 남아있는 벌을 교황이나 주교가 면제시켜 주는 것)의 문제는 고해성사와 관련되므로 칭의와도 연관된다. 로마 가톨릭은 이 성사를 영혼이 난파된 자들을 위한 칭의의 두 번째 지지물(支持物)이라고 규정했다. 고해는 회복제다. 칭의의 처음 은혜는 세례로 전달된다. 그러다 사죄(死罪)를 범하면 이 은혜가 상실된다. 경죄(輕罪)와 달리 사죄는 의롭다 하시는 은혜를 파괴하거나 죽인다.

표 3.1 주요 교황과 교황의 포고

보니파키우스 8세	1294–1303		
클레멘스 6세	1342–52	Unigenitus Dei Filius	1343
식스투스 4세	1471–84		
율리우스 2세	1503–13		
레오 10세	1513–21	Exsurge Domine	1520
피우스 4세	1559–65		
피우스 9세	1846–78		
피우스 12세	1939–58	Mystici corporis Christi Humani generis	1943 1950

고해성사는 통회와 고백과 보속(補贖)이라는 세 가지 구성 요소를 갖는데, 대사는 일차적으로 보속 행위와 대체 가능하다. 이에 대해 루프는 다음과 같이 언급한다.

1300년 보니파키우스 8세(Boniface VIII)는 15일 연속으로 사도의 무덤을 방문한 모든 이에게 희년 대사(Jubilee Indulgence)를 발표했다. 원래 100년 간격으로 제한되던 희년이 교황의 재정적 곤경이 심해지면서 잦아졌다. 이 관행은 헤일즈의 알렉산더가 설명했고(Summa, IV, qu. 83), 1343년 클레멘스 6세(Clement VI)의 우니게니투스(Unigenitus) 교서에서 확증한, 그리스도와 성인의 공로 보고라는 교리에서 이론적인 정당성을 찾았다. 클레멘스 6세의 교서에는 그리스도께서 "전투하는 교회를 위하여 보화를 획득하셨다"는 진술이 포함되어 있다. 1476년 교황 식스투스 4세(Sixtus IV)는 대사의 범위를 연옥의 영에게까지 확대하게 했다. 16세기 초 대사는 거룩한 일(sacrum negotium)이 되어 푸거(Fugger) 가문 은행의 감독을 요구할 정도로 복잡해졌다.[23]

16세기 면죄부 판매를 둘러싼 부패는 바티칸과 호엔촐레른 가문의 군주인 브란덴부르크의 알브레히트 모두에게 영향을 준 경제적 문제와 재정 위기 때문에 일어났다. 알브레히트는 나이가 어렸지만 마그데부르크와 할버슈타트의 주교였다.

주교직을 여럿 갖는 것은 불법이지만, 그는 마인츠의 대주교 자리를 노렸다. 사실상 알브레히트는 성직 매매라는 조잡한 방법으로 새로운 주교직을 돈을 주고 샀다. 해럴드 그림은 그 협상 과정을 다음과 같이 설명한다.

알브레히트의 대변인과 마인츠의 대성당 참사회는 금화 10,000닢에 해당하는 시여물과 금화 12,300닢의 관례적 상속 재산을 얻을 수 있음을 알고, 그런 문제를 책임지는 교황청 관리에게 더 적은 금액을 제시했다. 솜씨 좋은 매도자인 그 관리는 금화 12,000닢이라야 적당한 금액이 되겠다고 제안했는데, 이유인즉 그것이 사도의 수에 상응하는 금액이라는 것이다. 하지만 알브레히트의 대변인은 사죄가 일곱 가지뿐이므로 금화 7,000닢이 더 적당하다는 제안으로 응수했다. 대주교가 면죄부 판매에서 이익금을 얻게 될 것이라는 사실을 알게 된 후 독일인들은 마침내 십계명에 상응하는 금화 10,000닢을 지불하기로 동의했다.[24]

알브레히트는 푸거 가문의 은행에서 돈을 빌려 역시 재정 위기에 봉착한 교황 레오 10세와 거래를 마쳤다. 전대사(全大赦, plenary indulgence, 대사 중 하나로 잠시 받는 벌을 모두 없애주는 것)는 교황 율리우스 2세가 성 베드로 성당을 재건축할 기금을 마련하려고 시작했던 일이다. 이 대사는 그의 승계자인 레오 10세에 의해 부활되었다. 루프는 이렇게 덧붙인다.

마침내 성 베드로 성당 재건축을 위하여 대사를 선전할 때 수익금의 절반은 사적인 합의에 의해 알브레히트와 푸거가에 돌아가도록 결정되었다. 이 대사에는 네 가지 특권이 붙어 있었다. "첫째, 모든 죄의 완전한 사면, 둘째, 통회자에게 고해 신부를 선택하도록 허용하는 고해 서신, 셋째, 성인의 공로에 참여함, 넷째, 연옥의 영혼을 위한 것임." 주교 대리에 대한 알브레히트의 훈령은 통회와 고백을 전제로 한다는 표현(corde contritus et ore confessus)을 포함할 정도로 매우 조심스럽게 표현되어 있다.[25]

알브레히트의 훈령은 돈을 받고 사죄를 제공하고 있다는 것을 부인하려는 의도가 분명했다. 오히려 대사를 위한 금전 지급은 고해성사에 나오는 요구를 (전부는 아니지만) 부분적으로 충족시키는 전통적인 보속 행위인 자선과 연결되었다. 그리고 통회와 고백은 여전히 이 고해성사의 필요조건으로 간주되었다.

대사의 문제와 연결된 것은 유물의 문제와도 연결되었다. 비텐베르크는 루터의 보호자 작센 선거후 프리드리히 공작의 열정 때문에 중요한 유물 중심지가 되었다. "작센은 모세의 불붙은 덤불의 가지부터 예수님께서 예루살렘을 보고 흘리신 눈물까지 약 18,000개의 유물을 모았다. 유물을 주고받는 과정에서 나온 돈은 비텐베르크대학의 기부금이 되었다. 근처의 수 마일 떨어진 곳에서 순례자들이 찾아왔다. 바른 기도와 헌금을 드림으로써 연옥에서 1,902,202년을 감해주는 대사를 얻을 수 있었기 때문이다."[26]

요한 테첼은 대사의 기간을 거침없이 말했다. 그는 사람들에게 엄청난 열정을 가지고 설교했으며, 공단으로 장식된 교황 대칙서를 들고 행렬에 나섰다. 교황의 깃발은 매우 화려했고, 테첼은 다음과 같이 설교했다.

여러분은 마땅히 알아야 합니다. 고해 신부가 권하는 대로 고백한 다음 통회하고 상자에 자선금을 넣는 사람마다 모든 죄를 사함받을 것입니다. … 그러니 멍하니 옆에 서 있을 이유가 없습니다. 여러분 모두 영혼의 구원을 위하여 달려가십시오. … 여러분은 죽은 부모님과 다른 사람들이 소리치며 "나를 불쌍히 여기소서, 나를 불쌍히 여기소서. 우리는 심한 형벌과 고통을 겪고 있는데 여러분이 우리를 건질 수 있소." 하는 소리를 듣지 못하십니까?[27]

루터의 유명한 95개조의 논제가 발표된 계기는 이처럼 조잡한 면죄부 장사였다.

95개조 논제

1517년 10월 31일, 마르틴 루터는 유명한 95개조 논제를 비텐베르크 성(城) 교회 문에 게시했다. 이는 할로윈, 좀 더 정확히 말하면 만성절(All Saints' Day, 모든 성인을 찬양하는 축일) 전야였다. 만성절은 대사를 받기 위해 순례자들이 비텐베르크에 몰려드는 절기로, 유물이 엄청나게 많이 전시되었다.

루터가 그런 논제를 붙인 것은 과격한 행위도 아니었고 교회의 문을 불경하게 만들지도 않았다. 그곳에 공고문을 붙이는 것은 매우 일반적인 일이었다. 당시 그곳은 마치 지역 공동 광고판과 같은 역할을 했다. 특히 대학의 학부가 신학 내용의 토론을 벌이는 것은 흔한 일이었고, 그 토론 내용을 이런 식으로 알리곤 했다.

루터는 이 논제들을 독일어가 아닌 라틴어로 기록했다. 이는 원래 이 논제를 신학적 토론을 위하여 제출하려던 것일 뿐, 대중적 소요를 일으키려고 제출한 것이 아니었다는 훗날 루터의 주장을 옹호한다. 이 논제에서 루터는 자신이 인식한 면죄부 판매와 관련된 폐단과 왜곡을 다루었다.

헤럴드 그림은 이렇게 지적한다. "95개조 논제는 교회의 성례와 제도와 직임을 존중하는 루터의 태도를 보여준다. 그는 면죄부 설교자들의 과장된 주장과 젯밥에 연연하는 태도 때문에 교황의 권위가 위협을 받고 있다 생각하여 그를 옹호하려 했다."[28]

루터는 특별히 요한 테첼의 조잡한 판매술을 비판했다. 27조는 다음과 같다. "그들은 궤짝에 돈이 '짤랑' 하고 떨어질 때 영혼이 연옥에서 튀어오른다고 주장하는 인간의 어리석음을 전한다."[29]

루터의 주된 반박 대상은 테첼의 폐단과 과도함이었지만, 그 과정에서 면죄부 문제 전체와 관련하여 심각한 문제를 제기했다. 그는 참된 회개를 강조하고 대사의 가치가 이 세상에 국한될 뿐 연옥의 영혼에게까지 연장되지 않는다고 확언했다. 또한 공로의 보고, 그리고 이것과 고해성사의 관련성에 문제를 제기했다. 헤이코 오버만은 이렇게 언급한다.

95개조 논제가 대사 외에 다른 것들도 비판했다는 것은 이미 명백하다. 루터는 교회와 교회의 보고에 관한 생각에서 한 걸음 더 대담하게 나아갔다. "모든 참된 그리스도인은 면죄부가 없어도 교회의 보고에 참여한다"(37조), "이 보고는 영광의 복음과 하나님의 은혜다"(62조). 은혜의 복음에 관한 후속 논쟁에서 이 지도적 원리는 추진력이 되었다.[30]

역사의 큰 아이러니 중 하나는 당시에 활용 가능했던 새로운 기술이 아니었다면 루터의 '항거'가 단지 비텐베르크 학부라는 작은 주전자 속의 폭풍으로 끝났을 것이라는 점이다. 당시의 인쇄술은 그 모든 것을 바꾸어 놓았다. 루터의 소원과 달리 그의 논제는 독일어로 번역되고 대량으로 인쇄되어 불과 두 주 만에 독일 전체에 회람되었다. 그 두 주간은 기독교 역사에서 매우 중요했다. 훗날 루터는 자신의 논제가 이와 같이 요원의 불처럼 퍼진 것을 두고 이렇게 비난했다. "사람들에게 널리 알려졌다고 하나 내 마음에 드는 것은 전혀 아니다. 왜냐하면 … 나는 면죄가 무엇인지도 몰랐고 이에 대한 내 목소리가 너무 높아지고 있었기 때문이다."[31]

하지만 루터의 주장이 누그러지기에는 너무 늦었다. 테첼은 교황의 권위를 강조하는 반박 논제로 대응했다. 그 논제 가운데 다음과 같은 내용이 있었다.

5. 그리스도인은 믿음에 속하며, 인간의 구원에 꼭 필요한 이 문제에서 교황의 판단에 전혀 오류가 있을 수 없다는 것을 배워야 한다.
22. 그리스도인은 믿음에 관하여 고의적인 의심을 품고 있는 자들을 이단으로 매우 분명하게 정죄해야 한다는 것을 배워야 한다. … 산을 범한 짐승은 돌로 쳐야 하기 때문이다.[32)]

결국 테첼은 소원을 이루었다. 루터는 테첼이 봉사하던 마인츠의 알브레히트 주교에게 자신의 논제를 보내고 답변을 요청했지만, 알브레히트는 루터에게 답변하지 않고 이 논제를 로마로 보냈다. 교황 레오는 처음에 이 문제를 대수롭지 않은 내부의 말다툼으로 보고 개입하지 않았다. 그러나 테첼과 동료들은 이 문제를 밀어붙였다. 요한 베셀(John Wesel)이 대사를 반대하는 설교 이후 이단으로 몰려 감옥에 갔던 것을 알고 있던 테첼의 종단은 1518년 1월에 교황청으로 루터의 공식 탄핵서를 보냈다.

아우크스부르크 논쟁

루터는 또한 독일의 가장 명석하고 존경받는 신학자 가운데 한 명인 요한 에크의 진노를 샀다. 에크는 이미 개인적으로 루터를 만났으며, 둘은 1517년에 친구가 되었다. 하지만 에크는 루터의 논제를 반대하는 강력한 반박문을 썼다. 그는 루터를 "보헤미안"이라 불렀고, 이단 판결을 받고 화형으로 타 죽은 얀 후스(Jan Hus)에 비했다.

표 3.2 마르틴 루터의 활동: 1517–1521년

루터가 95개조의 논제를 붙임	1517년	10월
루터가 아우크스부르크 논쟁에서 추기경 카예타누스를 만남	1518년	10월
루터가 라이프치히 논쟁에서 에크를 만남	1519년	7월
교황 레오 10세가 루터를 이단자로 정죄함	1520년	6월
교황 레오 10세가 루터를 출교시킴	1521년	1월
루터가 보름스 국회에서 정죄당함	1521년	4월

이 논쟁은 짧은 시간에 가열되어 도미니크회의 총장 카예타누스(Cajetan) 추기경과의 아우크스부르크 논쟁으로 비화되었다. 카예타누스는 로마 교황청에서 가장 박식한 신학자로 알려져 있었다.

루터는 자신의 의견을 철회하지 않으면 죽게 될 것을 확신하고 아우크스부르크로 갔다. 그 모임은 참혹했다.

카예타누스는 루터에게 거듭 철회할 것을 요구했고 루터는 거부했다. 그는 "나는 이 여섯 글자 'Revoco'(나는 철회합니다)를 말할 수 없습니다."[33]라고 했다.

루터는 교황 클레멘스 6세의 우니게니투스 교서의 주제를 두고 카예타누스와 논쟁을 벌였다. 카예타누스는 루터가 교황의 권위에 관한 문제를 제기하도록 유도했다.

하지만 교회의 진노를 피하게 해주려고 루터의 친구들이 그를 데려가는 바람에 모임이 갑자기 폐회되었고, 분노한 카예타누스는 루터가 저주받을 잘못을 범했다고 지적했다.

두 번째 중요한 논쟁은 1519년 7월에 있었는데, 이는 요한 에크와 라이프치히에서 벌인 논쟁이다. 이 사건은 루터와 그의 동료 칼슈타트(Karlstadt)와 필립 멜란히톤이 개입했다. 이번에도 에크는 루터가 얀 후스의 이단에 연루되어 있다는 문제를 제기했다.

여기에 대하여 루터는 다음과 같이 답변하여 세상을 떠들썩하게 만들었다. 정죄받은 얀 후스와 후스파의 조항에는 "참으로 기독교적이고 복음적이면서 보편 교회가 정죄할 수 없는 조항이 많습니다."[34]

아우크스부르크와 라이프치히의 논쟁은 루터로 하여금 교황의 절대 권위와 교회 공의회의 권위를 부인하게 만들었다. 이 논쟁에서 종교개혁의 슬로건 **솔라 스크립투라**(Sola Scriptura)가 만들어졌다.

몇 달 후 루터는 책을 널리 출간하여 독일 민족 사이에서 영웅이 되었다. 1520년 봄에 교황 레오 10세는 루터의 가르침을 평가하는 새로운 위원회를 임명했다. 카예타누스와 에크가 소속되어 있는 이 위원회는 41개의 오류를 열거하는 '대칙서'로 루터를 정죄했다.

대칙서 엑수르게 도미네(Exsurge Domine)는 1520년 6월 15일에 서명되었다. 이 '대칙서'의 이름은 초두에 나오는 "일어나소서, 오! 주여"를 뜻하는 라틴어에서 따온 것이다.

이 '대칙서'는 루터를 이단으로 정죄하고, 그에게 60일 내에 이단 사설을 철회할 것을 요구했으며, 그렇지 않으면 파문될 것이라고 했다. 또한 모든 그리스도인에게 루터의 이단 사설을 거부하고 그의 저술을 불태워버리라고 권했다.

하지만 루터는 이듬해 1월 보충 대칙서가 발행되기 전까지 공식적으로 파문되지 않았다.

1520년 12월 10일 은혜의 시대가 끝났을 때, 루터는 사람들 앞에서 큰 화롯불에 엑수르게 도미네 한 부를 태워버렸다. 보름스로 가는 길은 이제 단단히 놓이게 되었고 그 무엇도 그를 막지 못했다.

4
―
Faith
Alone

(구원 얻는 믿음의) 세 번째 행위는 복음을 참될 뿐 아니라 선하며, 우리가 가장 사랑하고 소망할 만한 것으로 판단하는 실제적 지성의 확신이다. _프란시스 튜레틴

칭의와 믿음

보름스 국회 사건 이후 개신교와 로마 가톨릭의 갈등이 심해졌다. 그 즉시 쟁점들이 대사 문제를 넘어 매우 많아졌지만, 주로 오직 믿음으로 의롭다 하심을 얻는다는 실질적 문제에 초점이 있었다. 그래서 형상과 질료라는 고대 아리스토텔레스의 구분을 사용하여 종교개혁의 형상인은 권위(솔라 스크립투라)의 문제고, 질료인은 칭의(솔라 피데)의 문제였다고 지적했다(20쪽에 있는 표 1.1 '종교개혁의 교리적 원인' 참조).

마르틴 루터는 핵심 쟁점이 **솔라 피데**라는 결론에 도달했다. 결국 **솔라 피데**는 "교회가 이것과 함께, 그리고 이것에 의하여 서고, 이것이 없으면 넘어지는 조항"이라는 유명한 확언이 나왔다.[1]

루터는 칭의에 관하여 이렇게 말했다.

"칭의 조항은 모든 교리에 대한 주인과 군주, 주, 통치자, 재판관이다. 이 조항은 모든 교회 교리를 보존하고 다스리며 우리의 양심을 하나님 앞으로 들어올린다. 이 조항이 없으면 세상은 완전한 죽음과 흑암이다."[2]

또 다른 곳에서는 이렇게 썼다. "칭의 조항이 사라지면 모든 기독교 교리도 사라진다."[3]

루터 혼자만 오직 믿음으로 의롭다 하심을 얻는다는 사실을 특별히 중요하게 본 것이 아니다. 존 칼빈도 이 교리에 핵심적인 중요성을 부여했다. "칭의 교리는 … 분명 기독교를 지지하는 주요 근거다. 그래서 이 교리에 더욱 주의하고 관심을 기울여야 한다. 무엇보다 하나님 앞에서 당신의 위치가 어디이며, 하나님이 당신에게 내리시는 심판이 무엇인지 깨닫지 못하면, 당신의 구원을 떠받치거나 하나님을 향한 경건을 향상시킬 수 있는 토대를 전혀 갖지 못하기 때문이다."[4]

루터와 칼빈은 **토대**라는 은유로 칭의의 특별한 중요성을 표현했다. 물론 두 사람은 토대라는 성경적 은유가 사도와 선지자의 은유이며 최고의 모퉁잇돌이신 그리스도 안에 있는 토대임을 알았다.

하지만 그들이 토대의 이미지를 사용한 것은 복음의 핵심적 중요성과 연결된다.

복음은 한 개인이 어떻게 구속을 받느냐에 대한 핵심을 담고 있으므로 구원의 기초, 혹은 토대다. 이는 단지 집이나 건물이나 기관의 토대가 아니라 신앙생활과 경건의 토대를 뜻한다.

종교개혁자들은 이 쟁점이 기초적인 것일 뿐 아니라 체계적인 것이라 보았다. 대사를 둘러싼 논쟁이 급속히 다른 많은 쟁점으로 확산되었는데, 이는 칭의라는 실질적 쟁점의 체계적 성격을 보여준다.

로마 가톨릭과 종교개혁자들은 교리의 의미나 방법적인 면에서 의견을 달리했던 것이 아니다. 그 싸움은 체계적인 것이었고 지금도 그러하다. 성례, 마리아, 미사, 연옥, 교황의 권위와 역할에 관한 논쟁은 **솔라 피데**의 쟁점과 구분할 수 있지만 분리시킬 수는 없다. 이 문제들은 체계적인 방식으로 서로 밀접하게 관련되어 있다. 즉 체계적 싸움의 중심에 **솔라 피데**의 쟁점이 있다.

제임스 뷰캐넌의 고전 『칭의의 교리』(Doctrine of Justification) 서문에서 패커는 루터의 신조 '교회가 서고 넘어지는 조항'(articulus stantis et cadentis ecclesiae)에 관하여 이렇게 언급한다.

> 루터는 신약시대처럼 교회가 이 교리를 이해하고 믿고 전할 때 하나님의 은혜 가운데 생명을 유지하지만, 중세 가톨릭처럼 이 교리를 무시하고 이 교리 위에 무엇을 덧붙이거나 부인할 때는 교회가 은혜에서 떨어지고 그 생명이 고갈되어 흑암과 죽음의 상태에 처한다는 뜻으로 말했다. 종교개혁이 일어나고 개신교 교회가 생긴 이유는 교황 체제의 로마 가톨릭이 이 점에서 복음을 너무도 철저하게 배도하므로, 루터와 동료 종교개혁자들이 신실한 그리스도인이라면 선한 양심을 가지고 그 체계 안에 계속 있을 수 없을 정도라고 믿었기 때문이다.[5]

패커는 칭의가 단순히 오류나 이단의 문제가 아니라 배도의 문제라는 것을 올바르게 지적한다.

로마 가톨릭은 루터를 배도자로 보았다. 마찬가지로 종교개혁자들도 로마 가톨릭을 배도자로 보았다.

패커는 다음과 같이 말을 잇는다.

이신칭의 교리는 아틀라스와 같다. 그 어깨에 구원하시는 은혜에 대한 모든 복음주의적 지식을 메고 있다. … 이 부분에 대한 바른 견해는 칭의에 대한 올바른 이해 없이 불가능하다. 그래서 칭의가 무너질 때 인생에 나타나는 하나님 은혜에 대한 모든 참된 지식이 그와 더불어 넘어지며, 루터가 말했듯이 교회도 넘어진다.

로마 교회처럼 공식 신조로 칭의 교리를 왜곡하는 데 전념하는 단체는 구원에 대한 모든 점에서 왜곡된 견해를 갖게 되었다. 이 왜곡된 견해들은 로마 가톨릭의 칭의 교리가 바로잡힐 때까지 바로잡힐 수 없다. 개신교도들도 칭의에 대한 사상에서 멀어질 때 비슷한 일이 일어난다. 구원의 참된 지식이 그와 함께 떨어져나가고, 칭의의 진리가 제자리로 돌아갈 때까지 회복되지 않는다. 아틀라스가 넘어지면 그 어깨 위에 있던 모든 것 역시 넘어져 부서지게 된다.[6]

아인 랜드는 한때 『어깨를 으쓱하는 아틀라스』(Atlas Shrugged)[7]라는 베스트셀러 소설을 썼다.

세상을 등에 메고 있는 신화적 영웅의 이미지를 생각하면, 그가 어깨를 으쓱거릴지 모른다는 생각에 숨이 막힌다. 아틀라스가 어깨를 으쓱이는 것은 짐을 벗는 것이고 세상이 붕괴되는 것이다.

우리는 이런 이미지들을 과장법, 즉 논쟁하는 문제의 중요성을 고의로 과장한 것이라 보고 쉽게 거부할 수 있다. 쉽게 말해 패커와 종교개혁자들을 논쟁의 치열함을 과장되게 말하고 공연히 소란을 피우는 사람으로 치부해버릴 수 있다.

칭의의 중요성

오늘날 많은 사람이 **솔라 피데**가 본질적인 문제라는 데 동의하지만 그 중요성이 얼마나 큰지는 고려하지 않는 것 같다. 이것은 건물의 중요한 지지물일 뿐 기초는 아니며, 세상이 아닌 지푸라기를 들고 있는 아틀라스라고 생각하는 식으로 말이다. 패커가 "분명한 성경 메시지의 본질"이라고 선언했던 바가 결론적인 비과학적 후기(後記) 차원으로 그 중요성이 축소될 위험에 처해 있다(ECT에서는 **솔라 피데**가 후기에도 해당되지 않았다).

솔라 피데가 단순히 교회가 서게도 하고 넘어지게도 하는 토대이기 때문에 중요한 것만은 아니다. 그것은 바로 우리가 서기도 하고 넘어지기도 하는 토대이며, 우리가 서거나 넘어지는 장소와 시간은 바로 하나님의 심판대다.

칭의 교리는 하나님의 의로운 심판 앞에서 우리의 위상과 관계있다. 모든 사람이 결국 하나님 앞에 나아가 계수하게 된다는 것은 예수님의 가르침 중 핵심적인 내용이다.

예수님은 우리 삶의 비밀한 일들이 아버지 앞에서 명명백백하게 드러나고, 우리가 한 모든 어리석은 말이 심판을 받게 될 것이라고 경고하신다. 온 세상, 즉 남자나 여자나 어른이나 아이가 하나님의 최종 법정에 나아가게 될 것이다. 그때 우리 모두는 그곳에 의롭다 하심을 받지 못한 죄인으로 나아가게 되거나 의롭다 하심을 받은 죄인으로 나아가게 될 것이다.

바울은 아레오바고에서 이렇게 경고했다. "알지 못하던 시대에는 하나님이 간과하셨거니와 이제는 어디든지 사람에게 다 명하사 회개하라 하셨으니 이는 정하신 사람으로 하여금 천하를 공의로 심판할 날을 작정하시고"(행 17:30-31).

이 심판은 의로우신 하나님의 의로운 심판이 될 것이다. 심판을 받을 자들은 의롭지 못한 사람들이다. 바울은 죄의 보편성을 다음과 같이 분명하게 단언했다.

유대인이나 헬라인이나 다 죄 아래에 있다고 우리가 이미 선언하였느니라 기록한바 의인은 없나니 하나도 없으며 … 우리가 알거니와 무릇 율법이 말하는 바는 율법 아래에 있는 자들에게 말하는 것이니 이는 모든 입을 막고 온 세상으로 하나님의 심판 아래에 있게 하려 함이라 그러므로 율법의 행위로 그의 앞에 의롭다 하심을 얻을 육체가 없나니 율법으로는 죄를 깨달음이니라(롬 3:9-10, 19-20).

여기에 우리의 딜레마가 있다. 심판이 있을 것이며 그것은 의로운 심판이 될 것이다. 그러나 우리는 타락한 자로서 의롭지 못하다.

사도의 두려운 경고는 "그의 앞에 의롭다 하심을 얻을 육체가 없나니"라는 것이다. 다행히도 이렇게 문장이 끝나지는 않는다. 이는 칭의의 절대적 부인이 아니다. 만일 칭의가 전혀 없다면 칭의 방법에 관한 모든 논쟁이 헛되며 아무것도 아닌 일을 두고 야단법석을 떤 꼴이 된다. 칭의가 없다면 복음도 없다. 복된 소식은 없고 나쁜 소식뿐이다.

그러나 진술은 이것으로 끝나지 않는다. 바울은 칭의가 없을 것이라고 말하지 않는다. 그의 말은 **율법의 행위로는** 하나님 앞에서 의롭다 하심을 얻을 육체가 없다는 것이다.

또한 그는 칭의를 완전히 배제하지 않는다. 다만 율법의 행위로 얻는 칭의를 배제한다. 우리의 행위에 근거한 칭의는 그 가능성에서 배제된다. 한

때 그리스도인은 하나님께 도무지 갚을 수 없는 빚을 진 자였다. 하나님의 율법은 완전을 요구한다. 이는 죄인이 충족시키지도, 할 수도 없는 요구 조건이다.

죄의 보편적 실재 때문에 바울은 "그러므로"라는 말로 이어나간다. 우리의 죄는 율법의 행위로 하나님 앞에 의롭다 하심을 얻을 육체가 없다는 결론에 담겨 있는 필연적 추론에 이른다.

사실 구약성경에 죄인에 대한 율법의 판결이 나와 있다. 그중에서도 시편 130편은 명백한 수사 의문문으로 기록한다. "여호와여 주께서 죄악을 지켜보실진대 주여 누가 서리이까"(3절).

시편 기자의 질문에 대한 답은 너무도 분명하다. 누가 서리이까?

아무도 서지 못한다. 나 역시 분명히 서지 못한다. 당신도 마찬가지다. 우리가 자신의 의를 놓고 율법의 심판을 받는다면 결코 서지 못할 것이다. 우리는 틀림없이 넘어진다.

루터가 하늘의 의회에서 자신의 의에 의존한다면 이렇게 선언해야 할 것이다. "여기 내가 넘어지나이다. 나는 달리 아무것도 할 수 없나이다. 하나님이여, 나를 도우소서." 루터뿐 아니라 온 교회, 아니 온 세상도 넘어질 것이다.

하지만 바울은 하나님의 의로운 율법 앞에서 우리가 소망 없이 넘어지게 내버려두지 않는다. 그는 범죄한 죄인에게 구원을 외치는 단 한 마디의 말로 칭의 교리에 대해 계속 가르친다. "그러나…"(개역개정 성경에는 이 말이 없음-역주). 즉 우리의 영원한 유익을 위하여 그의 선언에 "그러나"가 붙는다.

이 짤막한 단어는 율법의 행위로는 하나님 앞에서 의롭다 하심을 얻을 육체가 없다는 두려운 결론에 대해 우월하고 강력한 예외를 이끌어낸다.

하나의 수단에서는 칭의가 절대적으로 부인되지만, 다른 수단에 의하여 절대적으로 긍정된다. 아무 육체도 의롭다 하심을 얻지 못할 것이라는 말은 최후통첩이 아니다. 다른 말이 있다. 즉 복음이 있다.

(그러나) 이제는 율법 외에 하나님의 한 의가 나타났으니 율법과 선지자들에게 증거를 받은 것이라 곧 예수 그리스도를 믿음으로 말미암아 모든 믿는 자에게 미치는 하나님의 의니 차별이 없느니라 모든 사람이 죄를 범하였으매 하나님의 영광에 이르지 못하더니 그리스도 예수 안에 있는 속량으로 말미암아 하나님의 은혜로 값없이 의롭다 하심을 얻은 자 되었느니라 이 예수를 하나님이 그의 피로써 믿음으로 말미암는 화목제물로 세우셨으니 이는 하나님께서 길이 참으시는 중에 전에 지은 죄를 간과하심으로 자기의 의로우심을 나타내려 하심이니 곧 이때에 자기의 의로우심을 나타내사 자기도 의로우시며 또한 예수 믿는 자를 의롭다 하려 하심이라(롬 3:21-26).

여기서 바울은 율법의 행위에 의한 칭의와 전혀 다른 칭의를 선언한다. 이는 신약시대에 처음으로 선포된 별난 것이 아니다. 이것은 선지자와 율법이 증거하는 것이다. 예수 그리스도를 믿는 믿음으로 말미암은 칭의다. 이 칭의는 모든 사람에게 주시는 것이 아니다. **믿는 모든 사람에게, 믿는 모든 사람 위에** 제공된다. 이는 신자에게, 그리고 신자 위에 내리는 하나님의 의에 근거한다. 이 칭의는 그리스도의 구속 사역으로 말미암아 하나님께서 은혜로 거저 주시는 것이다. 이 칭의 방식은 하나님이 의로우시며 또한 의롭다 하시는 분임을 증명한다.

다시 말하지만 하나님의 심판대에 소환된 죄인이 직면한 딜레마는 이것이다. 죄인은 완전히 의로운 심판장이신 하나님 앞에 나와야 한다. 하지만 죄인은 의롭지 못하다. 어떻게 그가 의롭지 못하면서 의롭다 하심을 얻을 수 있는가?

이 질문에 대한 답은 종교개혁의 정곡을 찌른다. 하나님께서 의롭지 못한 자를 의롭다 하시고(iustificatio impii) 계속해서 의로워지려면 죄인이 다른 사람이 제공하는 의로 말미암아 실제로 의롭게 되어야 한다.

칭의의 근거

나중에 이 문제에 대하여 로마 가톨릭과 종교개혁자들이 대답한 결정적인 차이점을 좀 더 상세히 살필 것이다. 지금은 우리 안에 있는 의로 의롭다 함을 얻든지, 우리에게 돌려지거나 주어진 다른 사람의 의로 의롭다 함을 얻는 것에 대해서만 이야기하자.

믿음은 우리를 실제로 의롭게 하여 하나님께서 우리를 의롭다고 선언하시게 할 수 있는가? 혹은 그리스도의 의가 우리에게 전가되어 우리가 실제로 의로워지기 전에 하나님께서 우리를 의롭다고 선언하시는 것인가?

오직 믿음으로 의롭다 하심을 얻는다는 사실을 둘러싼 싸움은 다음과 같은 논쟁을 불러일으킨다. '칭의의 근거는 우리**에게** 전가된 그리스도의 의인가, 아니면 우리 **안**에 역사하는 그리스도의 의인가?' 종교개혁자들에게 오직 믿음으로 의롭다 하심을 얻는다는 교리는 오직 그리스도와 그분의 의로 말미암은 칭의를 뜻했다.

솔라 피데는 우리의 칭의의 근거가 오직 그리스도의 의임을 선언한다. 이는 우리 바깥에(extra nos) 있는 의다. 믿기 전에는 이것이 우리와 상관없는, 혹은 우리 바깥에 있는 것이지 우리의 일부가 아니다. 루터는 이것을 다음과 같이 진술했다.

(그리스도인은) 외부, 혹은 외래의 거룩함으로 말미암아 의롭고 거룩하다. 내가 이렇게 칭하는 것은 설명하기 위해서다. 즉 그리스도인은 하나님의 긍휼과 은혜에 의하여 의롭다. 이 긍휼과 은혜는 인간적인 것이 아니다. 마음에 있는 어떤 종류의 성향이나 자질이 아니다. 이는 우리 죄가 그리스도의 은혜와 긍휼로 용서받았다는 것을 우리가 알거나 믿을 때, 그 복음의 참된 지식으로 말미암아 우리에게 주시는 하나님의 복이다. … 그렇다면 이것은 외부의 의 아닌가? 전적으로 다른 대사(大赦)에 속하며 하나님의 순전한 선물이다. 오직 그리스도 때문에 하나님께서 우리에게 긍휼과 호의를 보이신다.[8]

솔라 피데 교리는 믿음에 의한 칭의를 말한다. 여기서 "…에 의한" 혹은 "…로 말미암은"은 신자가 칭의를 획득하는 수단과 관계있다.

종교개혁 시대에는 아리스토텔레스가 사용하던 말과 철학적 범주가 유행했다. 그는 다양한 원인을 구분했다. 즉 형상인, 목적인, 질료인, 작용인, 도구인이 있다.

아리스토텔레스의 인과성 범주를 이해하기 위해 다음의 유비를 살펴보자. 한 예술가(조각가)가 아름다운 예술 작품(조각)을 만들 때 그 과정에 작용하는 원인은 다양하다. 한 조형물의 **질료인**(material cause)은 그 조각을 만들기 전의 돌덩어리다. 즉 한 사물이 만들어지거나 형성되어 '나온' 재료다.

형상인(formal cause)은 예술가가 작품을 '형성'하기 위하여 사용하는 착상이나 청사진이나 개념이다.

목적인(final cause)은 작품을 만드는 목적(아마도 정원을 아름답게 꾸미는 것)이다.

작용인(efficient cause)은 이 모든 것이 일어나게 하는 행위자다. 이 경우에는 조각가다.

도구인(instrumental cause)은 조형물을 만들 때 사용되는 수단이다. 이 경우에는 끌이 예술가가 조형물을 만들 때 사용하는 도구나 수단이 된다.

표 4.1 아리스토텔레스가 말하는 원인들

	정의	예
질료인	무언가로 만들어져 나오는 재료	조형물로 만들어져 나오는 돌
형상인	무엇을 만드는 과정에 따르는 계획이나 착상	조각가가 조각의 원형으로 삼는 스케치
목적인	무엇을 만드는 이유	조각가가 조각을 하는 이유
작용인	무엇이 만들어지게 하는 주된 행위자	조각가
도구인	무엇을 만들 때의 수단이나 도구	조각가의 끌

종교개혁 시절의 한 논쟁은 칭의의 **도구인**에 초점을 두었다. 로마 가톨릭은 칭의에 두 가지 도구인이 있다고 주장했다. 즉 첫째는 성세(세례)성사이며 둘째는 고해성사다.

그러므로 로마 가톨릭은 성사로 칭의를 말할 수 있었다. 성사에 의하여, 그리고 성사로 말미암아 칭의의 은혜가 전달되었다. 성사는 의롭다 하시는 은혜를 받는 수단이었다.

하지만 종교개혁의 공식 "오직 믿음으로 의롭다 하심을 얻는다"는 사실에서 '으로'(by)라는 말이 그 개념을 포착하며 성사가 아니라 **믿음**이 칭의의 도구인임을 전한다. 믿음은 우리가 그리스도와 연합하고 칭의의 은혜를 얻게 하는 수단이다.

구원 얻는 믿음의 본질을 둘러싸고 날카로운 논쟁이 일어났다. 믿음이 칭의의 가장 중요한 도구이며 필요조건이라면, 그것의 본질은 무엇인가? 무엇이 구원 얻는 믿음의 필수 요소인가?

나중에 우리는 믿음과 행위 관계에 대한 바울의 가르침과 야고보의 가르침의 조화라는 까다로운 문제를 살필 것이다. 지금은 구원 얻는 믿음에 다른 어떤 것이 연루될 경우 그것은 "죽은 믿음"이라는 것을 지적하는 것이 중요하다. 루터는 구원 얻는 믿음을 피데스 비바(fides viva), 즉 "활기 있고 살아있는 믿음"이라고 선언했다.

종교개혁 기간에 구원 얻는 믿음의 삼중 정의가 등장했다. 즉 구원 얻는 믿음의 구성 요소는 ① 노티티아(notitia, 지식), ② 아센수스(assensus, 지적 동의), ③ 피두키아(fiducia, 긍정적 성향)다. 각 요소는 구원 얻는 믿음에 필수적인 것으로 간주되었다. 이 요소 중 그 어떤 것도, 심지어 피두키아조차도 하나만으로는, 혹은 따로 떼어내면 구원 얻는 믿음의 충분조건이 되지 못한다. 세 가지 모두가 구원 얻는 믿음에서 본질적이다.

믿음과 지식

노티티아(혹은 notae)는 지식을 가리킨다. 믿음이 지식과 동일하지는 않지만, 그 안에 지식이 없는 것은 아니다. 즉 구원 얻는 믿음은 지적 진공 상태에서 일어나지 않는다. 그것은 믿음으로 가장한 무지이거나 미신이다.

진정한 믿음과 거짓 믿음 사이에는 결정적인 차이가 있다. 미신은 실재와 환상, 진리와 허위를 혼동한다. 미신은 마술과 이교의 특징이다. 사람들은 정말로 미신적인 것을 '믿는다.' 하지만 그런 믿음은 성경이 말하는 구원 얻는 믿음과 아무 상관이 없다. 구약에서 거듭 증언하듯 미신의 침투력은 크다.

이스라엘은 혼합주의 성향, 즉 이교적인 요소를 하나님이 계시하신 진리에 혼합하거나 섞으려는 비신앙적 태도를 나타냈다. 신약성경을 보아도 초대 교회는 마술과 미신의 유혹에 위협을 받았다. 교회사의 어떤 시대도 거짓 믿음과 미신적인 믿음의 영향에서 벗어난 적은 없다. 현대에도 자칭 그리스도인이 뉴에이지와 사교 사상을 받아들이는 증거가 차고 넘친다.

노티티아는 신앙의 **내용**, 즉 받아들이고, 깨닫고, 간직하는 자료, 혹은 정보와 관계있다. 신앙은 분명하고 합리적인 **대상**을 갖고 있다. 우리가 믿는 것은 영원한 결과를 가져온다.

오늘날 계속해서(그리고 정말 지겹도록) "진심으로 믿으면 무엇을 믿는지는 중요하지 않다"는 말이 유행한다.

하지만 이러한 '믿음'은 기독교와 충돌한다. 이는 '믿음에 의한 칭의'가 아닌 다른 복음을 가르친다. 조금만 살펴보면 복음이나 **솔라 피데**와는 정반대다. 이 믿음은 "오직 믿음으로 의롭다 하심을 얻음"을 "오직 진정성으로 의롭다 하심을 얻음"으로 변형한다.

왜곡을 관찰하기는 쉽다. 이는 현재의 가치를 유지하려고 참된 진리에 의존하는 거짓된 개념이다. 여기서 진정한 요소는 믿음 안에 있는 진실성이다. 진실하지 못한 믿음은 아무도 의롭게 하지 못한다. 그것은 속임수이며 구속의 가치를 지니지 못한다.

구원 얻는 믿음은 진실해야 하며, 또한 진실한 믿음이다. 그러나 이것은 참된 대상, 참된 내용에 대한 진실한 믿음이지, 거짓된 내용에 대한 진실한 믿음이 아니다. 누군가 바알이 하나님이라고 진실하게 믿을 수 있다. 그의 믿음은 '바알이 하나님이다.'라는 명제가 진심으로 참이라고 믿는 한 '진실하다.' 하지만 어떤 명제가 참이라는 믿음이 그것을 실제로 참되게 만들지 못한다. 그러므로 진실하게 믿는 한 무엇을 믿든 중요하지 않다고 말하는 것은 기독교의 심장에 칼을 들이대는 것이다. 이는 가장 조잡한 형태의 상대주의와 주관주의다.

우리는 명제적 진리에 격렬히 저항하는 것을 자랑으로 삼는 시대에 산다. 진리는 '관계', 혹은 '개인적 만남'이라고 한다. 실존철학은 신앙의 개인적, 관계적 특성을 너무 강조하기 때문에 명제적, 객관적 진리라면 질색을 한다.

다시 말하지만 거짓된 것의 왜곡은 설득력을 갖기 위해 참된 것에 의존한다. 기독교 신앙은 확실히 개인적, 관계적, 주관적 반응을 포함하고 요구한다. 신앙은 사심 없는 관찰자의 활동이 아니다. 쇠렌 키에르케고르가 말한 개인적 참여와 헌신의 열정은 분명 구원 얻는 믿음에 필수적이다.

그러나 개인적 만남은 객관적, 명제적 진리를 부정하지 않는다. 실제로 개인적 만남은 그것을 전제한다.

나는 무(無)에 대한 믿음을 가질 수 없다. 나의 신앙은 내용이나 대상을 가져야 한다. 하나님이나 다른 어떤 대상과 개인적인 관계를 가지려면, 먼저 그들을 어느 정도 알아야 한다. 내가 믿고 있는 것, 혹은 내가 믿는 인격에 대한 예지적 이해가 있어야 한다. 하나님이 내 머릿속에 계시지 않으면 나는 그분을 마음에 모실 수 없다. 무언가를 믿으려면 먼저 그것의 존재를 믿어야 한다.

명제를 알고 그 명제의 진리를 확인하고도 그것에 대한 개인적 신앙이 없을 수 있다. 그러나 신앙 대상에 대한 어떤 이해나 정보나 지식 없이 개인적 관계를 가질 수는 없다. 대상 없는 신앙은 순전한 주관주의에 불과하다.

사실 이런 주관주의도 있을 수 없다. 이런 믿음에도 여전히 대상이 있다. 바로 주체인 자신이다. 신앙적 관계는 정의상 주체와 대상을 요구한다. 즉 믿는 사람(주체)과 믿어지는 것(대상)을 포함한다.

그러므로 **노티티아**는 믿음의 내용을 가리킨다. 사람이 구원을 얻으려면 기본적 정의를 믿어야 한다. 그것은 기초에 불과할 수 있지만 분명 무언가가 있어야 한다.

가령 믿음으로 의롭다 하심을 얻기 위해서는 우리를 의롭다 하시는 하나님이 계시다는 것을 믿어야 한다. 구원을 얻기 위하여 하나님에 대한 완전하고 포괄적인 지식이 필요한 것은 아니다. 우리 중 누구도 그런 포괄적 지식을 갖고 있는 사람은 없기 때문이다.

그러나 우리는 그분을 알아야 하며 그것은 반드시 **옳은 지식**이어야 한다. 우리가 하나님이 비인격적이며 우주적인 세력이라고 믿으면, 그분에 관한 그릇된 지식이 우리를 의롭다 하지 못할 것이다. 뿐만 아니라 우리를 우상 숭배의 죄로 질책받게 할 것이다.

만일 우리가 예수님을 믿는다고 말하면서 (현대의 일부 신학자들처럼) 그 이름을 인간의 자유를 위해 지속적으로 투쟁하는 '상징'으로 받아들인다면, 우리가 믿는 '예수'는 우리를 구원하지 못할 것이다. 그것은 참된 예수가 아니기 때문이다. 예수님이 제자들에게 "너희는 나를 누구라 하느냐"고 물으신 질문에 대한 우리의 답은, 우리가 믿는 내용이 구원으로 향하기 위해 어느 정도 올바르고 정확해야 한다.

복음을 선포하는 과제는 정보 전달 그 이상이다. 그 과제는 복음의 내용에 대한 지속적인 설명을 요구한다. 교회는 시작할 때부터 온갖 종류의 오류와 왜곡과 이단에 맞서 싸워왔다. 그런 것들은 복음의 참된 이해와 반대로 작용한다.

기독교는 필연적으로나 본질적으로 교리를 포함한다. 거듭 말하지만 기독교는 교리 이상이지 결코 그 이하가 아니다. 바른 교리를 바르게 믿는 것은 칭의를 위한 최소한의 필요조건이고, 구원의 필요조건이기도 하다. 즉 바른 교리는 신자를 허위와 미신으로부터 보호한다.

미신의 능력은 엄청나며 영혼에 치명적이다. 루터는 "미신은 대대로 세상을 통치하고, 세상 사람들로 하여금 흔쾌히 다스림을 받게 하는 해로운 황제다."[9]라고 말했다.

믿음과 동의

라틴어 **아센수스**가 암시하듯, 구원 얻는 믿음의 두 번째 본질적 요소는 '지적 동의'다. 지적 동의는 어떤 명제가 참되다는 확신이나 신념과 관계있다. 예를 들어 우리가 조지 워싱턴이 미국의 초대 대통령이었다는 것을 믿는다고 말하는 것은 그 명제가 참임을 인정한다는 뜻이다. 이는 종교적인 믿음이 아니지만, 실제와 관련된 한 개인의 신념 체계에 반드시 필요하다.

이런 차원에서 믿음은 의지의 문제가 아니다. 우리는 종종 매우 불확실한데도 그것이 참되기를 바라는 소망에서 행동할 수 있다. 그럴 때의 행동은 결단을 요구한다. 이것이 '신앙의 비약'일 것이다. 이는 어둠으로의 비약이며, 모험이라는 강력한 요소를 요구한다.

명제가 아무리 불확실하고 그 명제를 바탕으로 행동하려는 결단이 아무리 모험적일지라도, 문제의 진리에 대한 실제적 확신은 의지로 결정되지 않는다. 쉽게 말해 나는 실제로 확신하지 못하는 명제를 참된 것으로 믿겠다는 '결단'을 내릴 수 없다.

이 점과 관련하여 종교계에는 큰 혼동이 있다. 무엇을 믿는다고 결단하는 것은 종종 영적인 덕목으로 간주되지만, 실제로 이것은 교묘하게 조작된, 잘못된 시도다.

볼 수 없는 맹인에게 볼 수 있다고 믿으라는 것은 날 수 없는 사람에게 날아보라고 말하는 것과 같다. 구원 얻는 믿음은 거짓된 것이 아니라 참된 것에 대한 동의를 포함한다. 거짓된 것을 참이라고 긍정하는 것은 덕이 아니다. 사실상 그런 긍정은 악덕이다.

하지만 문제의 명제가 참으로 옳다면 어떻게 되는가? 그러면 그것을 믿으려고 결단하는 것은 덕이 아닌가?

예수님의 십자가 죽음이 속죄 행위였다는 명제를 예로 들어보자. 주장을 위하여 이 명제가 참일 뿐 아니라 명백한 근거로 지지를 받는다고 가정해보자. 그럼에도 누군가 이것을 확신하지 않을 수 있다. 그는 증거를 모를 수 있다. 전문적인 회의론자에게 이것이 신화라고 배웠을 수 있고, 이 점에 관한 그의 의심이 강력할 수도 있다. 그 사람은 의지적으로 이것을 믿으려고 '시도'할 수 있지만, 그런 결단은 열매를 낳는 신앙이 될 수 없다.

그는 이 문제에 대해 다양한 행동을 결단할 것이다. 이 문제를 좀 더 연구하고 증거를 살피고자 결심할 수 있다. 그 결과 실제로 이 명제가 참이라고 지적 동의하는 데 이를 수 있다. 이는 성 아우구스티누스가 **일시적 신앙**이라고 서술했던 것과 비슷하다. 이 신앙은 여전히 이 문제에 관하여 의심을 갖고 있지만 일시적인 태도를 취하는 것과 관계있다. 이러한 태도는 실제로 명료함과 확신을 가져다줄 수 있다.

이러한 사실에는 동전과 같은 양면이 있다. 변증학에서는 증거와 설득을 중요하게 구분한다. 어떤 명제가 객관적으로는 참된 것으로 입증되어도 그 증거가 누군가를 설득하지 못할 수 있다. 거기에는 다양한 이유가 있을 것이다. 너무 편견이 심하거나 명제에 너무 적대적이기 때문에 증거를 솔직하게 인정하지 못할 수 있다. 혹은 부주의하거나 면밀하지 못한 사람이라서 그 주장의 객관적 타당성을 놓칠 수 있다.

반대로 또 어떤 사람은 매우 어이없는 이유로 참명제를 확신할 수 있다. 즉 잘못된 근거로 참명제를 긍정하고, 단순한 행운으로 그 진리를 '잡을' 수 있다.

여기에는 또 하나의 왜곡이 있다. 사람은 사실 지성으로 거부하는 것을 믿는다고 쉽게 고백하거나, 지성으로 긍정하는 명제를 거부한다고 고백할 수 있다. 그리고 의지적 결단으로 지적 동의를 창출할 수 없듯, 지성이 참되다고 알고 있는 명제에 동의하지 않을 수도 없다.

사탄과 귀신들의 경우를 살펴보라. 귀신은 예수님의 진짜 정체를 인식한 최초의 존재에 속했다. 그들은 '예수님이 하나님의 아들이시다.'라는 명제를 알고 있었다. 즉 그들은 **노티티아**를 갖고 있었고 그 명제가 참이라는 데 동의했다.

그러나 그들에게는 구원 얻는 **피두키아** 요소가 없었기에 구원 얻는 믿음을 갖지 못했다.

야고보는 다음과 같이 기록함으로써 이 점을 간파했다. "네가 하나님은 한 분이신 줄을 믿느냐 잘하는도다 귀신들도 믿고 떠느니라"(약 2:19).

사도의 펜에서 조롱이 떨어진다. 야고보는 구원 얻는 믿음의 처음 두 가지 필요조건만으로는 구원이 보장되지 않는다는 요점을 지적하고 있다. 이는 단지 귀신이 되는 조건인 것이다.

만일 세 번째 필요조건이 빠져 있다면, 나머지 둘만으로는 칭의에 불충분하다. 다시 말해 개별적으로 고찰한 각각의 이 조건들은 필요조건이지 충분조건이 아니다.

명제의 진리에 대한 지적 동의, 혹은 개인적 확신은 정도의 차이가 있다. 이는 단순한 주관주의의 문제라기보다 신자 마음의 주관적 상태와 관계있다. 확신은 정도의 문제이므로 증가되기도 하고 감소하기도 한다. 즉 우리는 어떤 명제의 진리에 관하여 '더, 혹은 덜' 확신할 수 있다.

17세기 네덜란드 신학자 헤르만 위트시우스는 다음과 같이 기록한다.

플레로포리아(Plerophoria), 즉 '완전한 확신'은 사도 바울의 기록에 여러 번 나오는 표현이다. 사도는 **플레로포리아 쉬네세오스**(Plerophoria suneseos)인 "확실한 이해"(골 2:2), **플레로포리아 테스 엘피도스**(Plerophoria tes elpidos)인 "소망의 풍성함"(히 6:11), **플레로포리아 피스테오스**(Plerophoria pisteos)인 "온전한 믿음"(히 10:22)에 관하여 말한다. 이 낱말은 어근에 따라 '강한 순풍을 받아 진행함'을 가리킨다. 이 은유는 아마도 순풍을 가득 받아 항해하는 배에서 나왔을 것이다. 그러므로 여기서는 성령의 이끄심을 받아 파악한 진리에 동의하려는 마음의 열렬한 성향을 뜻할 것이다.[10]

프란시스 튜레틴은 이렇게 덧붙인다. "철학자들이 지적하듯, 완전한 동의에는 세 가지 수준이 있다(견고함, 확실함, 증거). 견고함은 주저하지 않는 동의일 것이고, 확실함은 확고하고 견고한 근거에 의한 동의일 것이며, 증거는 다른 사람의 증언에 의존하지 않고 감각이나 이성으로(학문으로) 입증된 동의일 것이다."[11] 루터는 참된 믿음에서 확신이 얼마나 중요한지 말한다.

믿음은 마음의 확고함(ein Standfest)인 것이 분명하다. 그래서 믿음은 흔들리거나, 비틀거리거나, 떨거나, 놀라거나, 의심하지 않고 굳게 서서 자신의 처지를 확신한다. … 그래서 믿음은 온갖 시험과 귀신과 죽음과 그 어떤 것을 만나도 움직이지 않고, 굽히지 않으며, 견실하고, 의심과 두려움과 악과 진노를 가져오는 모든 것을 담대하고 자랑스럽게 무시하고 조롱한다. 왜냐하면 하나님의 말씀이 거짓말을 할 수 없음을 알기 때문이다.[12]

또한 그는 약한 믿음과 강한 믿음, 약한 믿음과 그릇된 믿음을 구별하고 이렇게 선언했다.

사실 우리는 구원 얻는 진리를 베드로처럼 굳건하게 붙들고 믿지 못한다. 하지만 우리는 동일한 보화를 갖고 있다. 두 사람이 손에 포도주 잔을 들고 있는데, 한 사람의 손은 떨고 다른 사람의 손은 떨지 않을 수 있다. 두 사람이 돈이 많이 든 지갑을 들고 있는데, 약한 손을 가진 사람과 강한 손을 가진 사람이 있을 수 있다. 하지만 손이 강하든 약하든, 하나님의 뜻대로라면 지갑 속의 내용물이 증가하거나 감소하지 않는다. 그러므로 나와 베드로의 유일한 차이는, 그가 이 보화를 좀 더 굳게 붙들고 있다는 사실이다.[13]

약한 믿음과 그릇된 믿음의 구분에 관해서는 다음과 같이 말한다.

참으로 세 가지 진리 모두를 믿어야 한다. 즉 사도신경이 "성령으로 잉태하사…."라고 가르치듯, 그리스도는 하나님이시고, 사람이시며, 우리를 위하여 사람이 되셨다. 만일 이 신조 중 한 항목이라도 빠지면 모든 항목이 넘어진다. 믿음은 완전할 뿐 아니라 전부를 포함해야 한다. 믿음이 약하여 사소한 데 굴복할지라도, 완전하고(ganz) 거짓이 아니어야 한다. 믿음이 약한 것은 손해가 아니다. 그러나 잘못되는 것은 영원한 죽음이다.[14]

구원 얻는 믿음의 처음 두 요소인 **노티티아**와 **아센수스**는 지성의 문제다. 즉 이것은 인지적인 것, 다시 말해 정보의 인식과 그 정보가 참이라는 것에 대한 지적 동의에 관한 것이다. 또한 **노티티아**의 결여는 무지나 부적절한 이해라 말할 수 있고, **아센수스**의 결여는 진리에 대한 사랑의 긍정이 없는 것과 관계있다. 따라서 구원 얻는 믿음은 적어도 본질적 진리에 대한 인식과 그것이 진리라는 확신을 요구한다.

믿음과 피두키아

구원 얻는 믿음의 세 번째 요소인 **피두키아**는 인지적 요소에 붙는 '추가'적인 부분이다(고든 클라크[Gordon Clark]는 이 추가 요소가 근본적으로 지적인 것이라는 흥미로운 주장을 펼친다).

클라크의 주장은 잠시 제쳐두고, 우리는 믿음의 뚜렷한 요소들에 대한 역사적 종교개혁의 표현이 믿음의 인지적 차원과 정서적, 의지적 차원을 분명히 구별한다는 것을 알 수 있다. 그리고 사람의 '마음', 혹은 성향에 대한 수많은 언급을 발견한다.

특히 생각과 행위에 관한 인간의 구성 요소를 지적하는 성경의 언어는 매우 복잡하여 때로 그 실타래를 풀기가 어렵다. 오늘날까지 계속되는 삼분법과 이분법의 고전적 논쟁이 이 점을 입증한다. 성경은 그레이 아나토미(대형 병원을 무대로 한 미국 드라마)의 해부학 용어로 말하지 않는다. 때로 마음이라는 말은 **지성, 영, 혼**이라는 말과 바꾸어 사용된다. 어떤 때는 이 낱말이 상징적, 혹은 은유적으로 사용되어 구별이 가능할 때도 있고 그렇지 않을 때도 있다.

구약성경은 "그 마음(heart)의 생각이 어떠하면 그 위인도 그러한즉"(잠 23:7)이라고 선언한다. 이 구절은 생각의 일차적 기관이 피를 공급하는 심장 근육이라고 말하는 것이 아니다. 저자는 뇌와 마음의 생물학적 차이를 (적어도 어느 정도는) 이해했다. 그가 말하는 '마음'의 생각은 우리 존재의 깊은 곳, 혹은 '중심'에 이르는 생각을 말한다.

이 사유는 단순한 의식이나 반성의 표면을 꿰뚫고 들어가 영혼에 닻을 내린다. 이는 단순히 하나의 진리를 인식하거나 긍정하는 강도의 다양한 수준을 가리킬 수 있다. 또한 이것은 사람들이 '핵심 신념'으로 언급하는 것이기도 하다.

관념과 명제와 사유가 우리 삶에 미치는 영향을 고려할 때, 우리는 강도의 수준이나 단계를 구별할 수 있다. "도둑질하지 말라"는 계명을 예로 살펴보자. 이 계명과 관련하여 순종의 어떤 덕이나 불순종의 악을 행하려면 먼저 그것을 의식하거나 인식해야 한다. 성경은 율법을 알지 못하면 죄과가 없다고 선언한다(정확성을 기하려면 전문적인 분류법으로 구분해야 하지만 여기서는 광범위하게 살펴볼 것이다).

그런 율법에 대한 우리의 반응, 그것에 대한 우리의 행동은 의식, 확신,

양심의 수준과 관계있다. 진리가 누군가의 양심에 뿌리내리려면 먼저 그 진리를 의식해야 한다.

우리는 하나님이 도둑질하지 말라고 말씀하시는 것을 알지만 그는 이 문제에 대한 죄의 자각이 없을 수 있다. 성령의 역할 중 하나는 우리에게 죄와 의를 확신하게 하시는 것이다. 우리는 율법이 양심의 문제가 되기 전에 그 율법을 인식, 혹은 의식할 뿐 아니라 그 함의를 확신해야 한다.

하지만 사람은 도둑질이 잘못이라는 것을 인식하면서도 계속 도둑질할 수 있다. 도둑질이 나쁘다는 것을 확신하면서도 계속 도둑질할 수 있다. 이것이 양심의 문제가 되더라도 여전히 그 죄를 범할 수 있다. 우리는 양심을 거슬러 행동할 수 있고 이런 일에 능숙한 경우가 많다. 하지만 루터가 보름스에서 양심을 거슬러 행동하는 것이 "옳지도 않고 안전하지도 않다"고 선언한 것이 옳다.

성 토마스 아퀴나스가 주장했듯, 양심은 고소자와 변명자로서 행동할 수 있다.

양심은 두 가지 역할을 한다. 율법이 우리에게 양심의 문제가 될 때, 우리가 반드시 그 율법을 순종하게 되는 것은 아니다. 우리 모두는 그릇되다는 것을 알고 확신하면서도 우리의 양심이 소리치며 반대하는 일을 행한 경험이 있다.

양심은 죄를 없애지 않고 늦춘다. 그러한 양심의 연기 능력은 양심에 부여된 강도에 따라 달라진다. 따라서 양심을 강건하게 만드는 일은 성화에 꼭 필요하다. 더불어 양심이 강할 수도 있고 약할 수도 있다는 것은 우리가 현재 관심을 두는 믿음의 심층적 차원을 입증한다.

피두키아 요소는 인지적 반응뿐 아니라 정의적, 의지적 반응을 수반하는 심층적 차원을 말한다. 고든 클라크가 이 요소들의 분리를 반대한 것은 옳았다. 우리는 이 요소들을 분리하려 하지만 사실 그래서는 안 된다.

조나단 에드워즈는 자신의 서사적 작품 『의지의 자유』(Freedom of the Will)[15]에서 의지를 "선택하는 지성"으로 정의한다.

여기서 (사유하는 행위와 뚜렷이 구분되며, '의지'라는 것에 귀속시킬 수 있는) 선택하는 행위는 지성과 독립하여 존재하는 기관의 행위가 아니다. 만일 한 행위가 자발적이고 의식적 선택을 수반한다면, 그것은 무엇보다도 지성의 활동임이 분명하다.

우리는 **사유**와 **소망**을 자주 구분하곤 한다. 소망과 관련해서는 정서적인 언어를 사용한다. 우리는 소망하는 목표나 목적에 대한 강한 **느낌**을 말한다. 그런 느낌은 주로 개념과 연관된다. 즉 소망을 가지려면 소망할 대상이 있어야 하고, 우리는 그 대상에 대한 **개념**을 갖고 있어야 한다. 무에 대한 애정이나 개념이 없는 것에 소망을 가질 수는 없다.

피두키아는 영혼이나 지성이 한 대상에게 갖는 긍정적 성향을 뜻한다. 이것이 구원 얻는 믿음의 필요조건과 관련하여 어떻게 작용하는지 알기 위해 사탄의 주장과 그리스도에 대한 그의 반응을 살펴보자.

사탄은 지성이 결여되어 있지 않다. 그는 그리스도의 정체를 분명하게 안다. 즉 **노티티아**를 갖고 있다. 또한 그는 그리스도의 정체가 참되다는 것을 충분히 안다. **아센수스**도 갖고 있다.

그러나 사탄은 개인적으로 그리스도에 대한 **피두키아**, 혹은 신뢰가 전혀 없다. 그는 그리스도께 항거한다. 그는 그리스도를 반대하려 한다. 그는 그리스도에 대한 애정이 없다. 사실상 그는 그리스도를 경멸한다. 그리스도에 대한 그의 지독한 미움은 한계를 모르는 적대감으로 표현된다. 사탄의

'마음'의 성향은 전적으로 부정적이다. 그러므로 사탄이 그리스도를 믿는 '믿음'을 갖고 있지 않다고 말할 수 있다.

사탄의 문제는 내적 타락이다. 그것은 핵심적 타락, 마음의 타락이다. 그러나 여기에 고든 클라크가 제기하는 까다로운 요점이 있다. 사탄의 감정이 아무리 그리스도에 대한 자신의 반응을 물들인다 해도 이것은 여전히 궁극적으로 지성과 지식의 문제다.

따라서 사탄의 문제는 근본적으로 지적인 것이다. 그는 그리스도의 아름다우심과 탁월하심을 이해하지 못한다. 그리스도에 대한 사랑스러움을 전혀 보지 못하므로 그분에 대한 애정이 없다. 그리스도는 사탄이 사랑하는 악한 일에 방해물이 되신다. 사탄은 예수님이 선하심을 알기에 그분을 미워한다. 사탄은 악한 것을 사랑하고 선한 것을 싫어한다. 선함을 인정하지만 스스로가 악이며 악을 사랑하기에, 선함 중의 선함을 사랑하지 않는다.

지금 나는 말장난을 하는 것이 아니다. 구원 얻는 **피두키아**는 그리스도의 아름다우심과 사랑스러우심에 대한 각성, 거듭나게 하시는 성령의 능력으로 타락한 인간의 지성과 영혼에 일어난 각성에 근거한다. 예수님이 니고데모에게 선언하신 것처럼 사람이 먼저 성령으로 거듭나지 않으면 하나님 나라에 들어가기는커녕 그분을 볼 수도 없다. 육신과 육신의 마음은 하나님과 원수다. 이는 사탄의 '육신'에서 최악에 도달한다.

성경은 사탄을 교활함과 간사함과 영리함으로 표현되는 일종의 뛰어난 지적 능력과 관련된 용어로 서술한다. 그러나 다른 한편으로는 믿을 수 없을 정도로 어리석다. 사탄이 그것을 알지 못할 뿐이다. 즉 그는 **진리의 가치**, 혹은 '선함 중의 선함'(goodness of goodness)을 보지 못한다.

가치와 선함은 동의어가 아니다. 가치는 어떤 것에 인지된 진가다. 이는

4. 칭의와 믿음 99

경제학에서 말하는 주관적 가치론의 일차적 전제다.

시장은 한 사람이 어떤 물건을 다른 물건보다 더 가치 있게 여기기 때문에 돌아간다. 고대 물물교환 제도에서 구두 만드는 사람은 셔츠 만드는 사람의 셔츠와 구두를 바꾸었다. 구두 만드는 사람에게는 필요 이상으로 많은 구두가 있었고 셔츠는 없었기에, 그는 구두 한 켤레보다 셔츠 한 벌을 더 가치 있게 보았다. 마찬가지로 셔츠 만드는 사람은 필요 이상으로 많은 셔츠가 있었지만 구두는 없었다. 그래서 셔츠와 구두를 바꾸기 바랐다. 물물교환에서 양측 모두 자신이 처한 상황에서 더 가치 있는 것을 얻는 이익을 본 것이다. 현대 시장도 근본적으로는 동일한 방식으로 돌아간다. 통화를 교환 수단으로 삼는다 해도, 우리는 단지 물물교환의 좀 더 복잡하고 세련된 형태에 참여할 뿐이다.

하지만 나쁜 것을 가치 있게 보기 시작할 때 가치와 윤리가 혼란스러워진다. 예수님은 "사람이 만일 온 천하를 얻고도 자기 목숨을 잃으면 무엇이 유익하리요"(막 8:36)라는 수사 의문문으로 이 문제를 다루셨다.

여기서 예수님은 특정한 물물교환의 가치에 대하여 진술하신다. 사람은 자기 영혼을 온 세상과 교환한다. 자기 영혼보다 세상을 더 가치 있게 여긴다. 가치의 **인지**라는 측면에서 그는 큰 거래를 했다. 예수님의 가치 인지 면에서는 두려운 거래다. 참으로 그는 악하고(하나님의 율법을 범했다) 어리석은 (결국 손해를 볼 것이다) 거래를 했다.

사탄은 그리스도를 거부하고 자신의 가치 체계를 따른다. 그는 악을 사랑하고 선을 미워한다. 어둠을 사랑하고 빛을 미워한다. 자신이 가치 있게 여기는 것을 택하고 가치 있게 여기지 않는 것을 거부한다. 그가 인지한 가치는 심각한 문제를 갖고 있다.

타락한 인간 역시 부패한 상태다. 본질상 우리는 사탄의 자녀로, 사탄의 가치 체계를 모방하고 따른다. 우리도 사탄처럼 빛보다 어둠을 더 좋아한다. 우리가 빛을 혐오하는 이유는 무엇인가? 우리의 행위가 악하기 때문이다.

피두키아 요소는 우리의 가치에 일어난 극적인 변화를 포함한다. 또한 이것은 인지된 가치의 근본적 변화를 포함한다. 인지에서 일어난 변화는 곧 지적 인지에서 일어난 변화를 뜻한다. 성경적 회개가 '지성의 변화'를 뜻하는 메타노이에오(metanoieo)로 표현된 것은 우연이 아니다.

구원 얻는 믿음을 얻으려면 인격의 진정한 변화가 있어야 한다. 이 변화는 그리스도에 대한 개인의 인지 변화에 뿌리를 둔다.

우리에게 생명을 주시는 성령님은 우리가 전에는 경험하지 못한 것, 즉 그리스도의 아름다우심과 뛰어나심을 계시하신다. 이는 인지된 가치의 근본적 변화다. 전에는 우리가 그리스도를 향하여 적대적이거나 무관심(은폐된 형식의 적대감)했지만, 이제는 그분을 어떤 값을 치르고라도 소유해야 하는 극상품 진주로 인식한다.

이는 분명 정서와 성향과 경향과 의지의 변화다. 이제 우리는 그리스도를 선택한다. 그리스도를 기꺼이 받아들인다. 흔쾌히 그리스도를 영접한다. 그리스도께 피한다. 종교개혁 신학은 죄인의 마음을 변화시키는 중생이 믿음보다 선행되어야 한다고 주장한다. 그리스도를 받아들이거나 개인적으로 신뢰하기에 앞서 그리스도의 가치에 대한 나의 인식이 변해야 한다. 중생을 일으키는 변화가 없으면, 그리스도에 대한 우리의 반응은 사탄을 흉내 내게 될 것이다.

프란시스 튜레틴은 **피두키아**를 다음과 같이 정의한다.

세 번째 행위는 복음이 참될 뿐 아니라 선하며 우리가 가장 사랑하고 소망할 만한 것이라 판단하고, 또한 은혜의 약속을 모든 신자와 뉘우치는 자에게 (내가 믿고 회개하면 나에게도) 베푸시는 죄 사함과 구원에서 가장 확실한 것으로 판단하는 신앙적·실제적 동의, 혹은 실제적 지성의 확신이다.[16]

그리고 다음과 같은 말을 덧붙이며 **피두키아**의 의지적 차원을 탐구한다.

이 확신은 단순히 이제 막 시작한 절반 정도의 것이 아니라(간혹 기쁨으로 말씀을 받는 배도자에게도 이런 확신이 존재한다) 완전하고 절대적인 것이고, 결단과 의지를 수반하며, 복음과 은혜의 약속을 그저 참되고 어떤 선한 것이 스며있는 것이 아니라 하나님께서 우리에게 제시하신 최고의 선으로 보며, 또한 그리스도를 통해 유일하고 충분한 구원의 수단이 제공되는 것을 본다.[17]

구원 얻는 믿음의 세 요소, 즉 **노티티아, 아센수스, 피두키아**는 개별적으로는 충분조건이 될 능력이 없다. 이 요소들은 함께 구원 얻는 믿음의 본질을 형성하며 충분성의 수준을 달성한다.

구원 얻는 믿음의 이 세 가지 필요조건을 충족시킬 때, 현존하는 믿음은 칭의의 충분조건이 된다.

"오직 믿음으로 의롭다 하심을 얻는다"는 표현은 (앞에서 정의한 대로) 믿음이 칭의의 '도구인'(instrumental cause)임을 뜻한다. 이 도구인은 칭의를 위해 충분하며 사실상 사효적으로(事效的, ex opere operato, 받는 사람의 의로움이 아닌, 예수 그리스도의 구원사역에서 효력이 발생한다) 작용한다.

믿음의 다른 측면

후대 신학자들은 믿음의 삼중적 구성 요소를 좀 더 상세히 구분했다.

예를 들면 프란시스 튜레틴과 헤르만 위트시우스는 이 요소를 상세히 설명했다. 튜레틴은 믿음 행위의 일곱 가지 측면을 열거하면서, 우리가 이미 살펴본 세 가지에 네 가지를 더했다.

은신(refuge)의 행위

이 반응은 신자가 그리스도를 소유하고자 하는 소망의 행위와 관계있다. 위트시우스는 이 차원을 그리스도를 향한 굶주림과 목마름으로 서술하며 다음과 같이 이야기했다.

"이런 사람이 자신 안에 그리스도를 모시려고 진지하게 열정적으로 소망하지 않으며, 그를 구하고 목말라하지 않으며, 원하던 대상을 소유한 뒤에야 만족할 만큼 격렬히 갈망하지 않을 수 있는가? 마치 배고픔과 목마름이 고기와 음료에 의해서만 진정되는 것처럼 말이다."[18]

영접과 연합의 행위

이 측면에 관하여 튜레틴은 "우리가 영혼의 소망을 통하여 그리스도를 추구하며 그에게 날아갈 뿐 아니라 그분을 알고, 오시는 대로 영접하고, 발견하는 대로 기꺼이 받아들이며, 그분을 우리 자신에게 적용하고, 그분께 매달리며, 그분과 연합시키는 행위다."[19]라고 말했다.

위트시우스는 이를 믿음의 형식적, 원리적 행위라고 부른다. 이 믿음 행위에 의하여 신자는 그리스도와 연합한다. 이는 신약성경이 말하는 그리스도를 '영접함'이다. 그는 다음과 같이 말한다. "이 행위에 의하여 그리스도는 믿는 영혼의 특별한 소유가 되신다. 그리스도께 속하는 모든 것이 그리스도와 더불어 제시될 때, 신자는 그리스도의 모든 것, 특히 구원의 토대인 그리스도의 의를 자신의 것으로 주장한다."[20]

표 4.2 프란시스 튜레틴이 말하는 신앙의 일곱 가지 행위

1. 지식의 행위 (노티티아)	우리의 비참함과 관계있든지 하나님의 은혜와 관계있든지, 우리가 믿어야 할 모든 것을 아는 것.
2. 이론적 동의 (아센수스)	우리가 아는 것을 참되고 신적인 것으로 받아들이는 것.
3. 신앙적, 실제적 동의 (피두키아)	복음은 선하며 우리가 사랑하고 소망할 만한 것이라고 판단하는 것. 은혜의 약속을 믿고 회개하는 모든 사람(내가 믿고 회개하면 나도 거기에 포함된다)에게 베푸시는 죄 사함과 구원에 있어서 가장 확실한 것이라고 판단하는 것.
4. 은신의 행위	그리스도께 죄의 용서와 구원을 구하며, 소망의 행위로 그분께 자신을 바치는 것.
5. 영접과 연합의 행위	그리스도를 알고 영접하며 기꺼이 받아들이고 그분을 우리 자신에게 적용하며 그분께 매달리고 우리 자신을 그분과 연합시키는 것.
6. 반성적 행위	내가 믿고, 그리스도께서 확실히 나를 위하여 죽으셨다고 결론 내리므로, 나는 그리스도께 속하며 확실히 그분 안에서 행복해지는 것.
7. 확신과 위로의 행위	그리스도를 소유하는 데서 오는 기쁨과 평정과 평안과 복종과 희락을 경험하는 것.

From Francis Turretin, *Institutes of Elenctic Theology*, vol. 2, trans. George Musgrave Giger, ed. James T. Dennison Jr.(Phillipsburg, NJ:P&R, 1994), pp. 561-63.

반성적 행위

이 측면에서는 대상(그리스도)을 향한 신앙의 외적 방향이 믿는 주체로 다시 돌아온다.

튜레틴은 이 행위를 "그리스도를 영접한(자신에게로 다시 돌이켜 마음으로 확신과 은신과 영접이라는 직접적 행위를 추구하는) 영혼이 스스로 믿는다고 결론 내리며, 자신이 믿기 때문에 확실히 그리스도께서 자신을 위하여 죽으셨고, 그분이 모든 복과 더불어 그에게 속하고, 그분으로 인해 자신이 분명히 행복하게 될 것이라고 결론 내린다."[21]

위트시우스에 의하면 반성적 행위에는 그리스도께 의존하고 그분께 순복하는 행위가 뒤따른다. 또한 그는 순복에 관하여 다음과 같이 말한다. "신자가 이렇게 그리스도를 영접하고 그분을 의지할 때 그분을 단지 구주로만 생각지 않고 주로 여기게 된다. 그는 그리스도 전체를 영접하며 그분의 모든 성품에 묵종한다. 그리스도는 구주이시며, 또한 주님이시다. 그분이 주가 되지 않으시면 구주가 되실 수 없다."[22] 즉 위트시우스가 구별된 측면으로 나눈 것을 튜레틴은 통합한다.

확신과 위로의 행위

튜레틴에 의하면 이 행위는 "그리스도를 소유하는 데서 생기는 기쁨과 평정과 평안과 묵종과 희락"으로 나타나는데 "이러한 것에 의하여 믿는 영혼은 자신이 사랑하는 자에게 의존하며 … 믿음으로 말미암아 그리스도와의 가장 친밀한 연합을 자각하고 그분과의 상호 교제와 사랑을 확신하면서 경건하게 기뻐하며 주 안에서 즐거워하고 역경을 자랑하고 용기 있게 도전하며 모든 원수를 무시한다"(롬 8:38-39 참조).[23]

튜레틴은 이 행위 자체가 믿음의 본질에 속하는 것은 아니지만 믿음에서 나오는 필연적 결과임을 시인한다. 튜레틴과 위트시우스 등 개혁파 신학자마다 믿음의 측면을 여러 가지로 달리 말하지만, 이와 같이 상세한 설명은 결국 **피두키아**라는 항목에 포함될 것이다.

이 분석에서 알 수 있는 명백한 사실은 종교개혁자들이 구원 얻는 믿음을 심각한 문제로 보았다는 것이다.

의롭게 하는 믿음은 결코 공허하거나 형식적인 개념이 아니다. 이는 그리스도에 대하여 살아있는 반응이며 활기차게 지성 및 영혼과 교류한다. 이는 인지적인 동시에 정서적이다. 단순히 사색적이거나 임시적이거나 추론적인 것이 아니다.

종교개혁의 **솔라 피데** 교리에는 '쉬운 믿음'(easy-believism)이 없다. 구원 얻는 믿음은 공허하지 않다. 그것은 깊고 심오한 실재다. 이 믿음이 산출하는 확신은 교만이 아니라 영혼에 안식을 주는 확신의 달콤한 위로다.

위트시우스는 다음과 같이 참된 믿음을 거짓되고 추론적인 믿음과 구별한다.

> **때때로 사람들은** 하나님의 일반적인 긍휼에 관한 터무니없는 개념과 자신이 복음에서 발견한 구원의 쉬운 방법, 그리고 자신이 몹시 방탕하거나 악하지 않기 때문에 자신의 의가 충분하다는 견해 및 교회와의 외적 친교와 공예배 참석, 잠자는 양심의 안정, 혹은 자신이 하나님의 평강과 성령의 위로라고 여기는 공상을 자기 확신의 토대로 삼는다.[24]

구원 얻는 믿음을 '값싼 은혜'와 혼동해서는 안 된다. 완전한 확신은 교회

구성원으로서의 자격이나 공예배 참석, 자기 의에 대한 과장된 평가, 혹은 무감각해진 양심에 근거하지 않는다. 이는 은혜의 참된 표지가 아니다.

오히려 위트시우스는 이렇게 선언한다. "자신의 비참함을 가슴 깊이 느끼고 주 예수의 은혜를 갈구하며 떨리는 겸손으로 그 은혜를 붙드는 참된 신자는 부지런히 탐구한 후에 은혜의 확실하고 오류 없는 증거를 스스로 발견한 뒤에야 그것을 자기의 것으로 감히 자랑한다."[25]

5
—
Faith
Alone

우리가 하나님 앞에서 의롭다 하심을 얻는 것은 오직 그리스도의 의의 개입 때문이다. 이는 사람이 스스로 의롭지 않으며 형벌을 받아 마땅하지만 그리스도의 의가 전가되어 그에게 전달되었다고 말하는 것과 같다.

_ 존 칼빈

전가된 의:
복음적 입장

로마 가톨릭 신학과 종교개혁 신학의 논쟁 중심에는 칭의의 본질이 있다. 이는 단순히 사람이 의롭다 하심을 언제, 어떻게, 혹은 어떤 방법으로 받는가에 관한 논쟁이 아니라 칭의의 의미에 관한 논쟁이다.

개혁주의 신학은 성경적 칭의 교리가 본질상 **법적**(forensic)이라고 주장한다. 이 말이 무슨 뜻일까? '법적'이라는 말은 사실 일반 종교에서는 잘 사용되지 않는다. 하지만 일상에서는 낯설지 않다. 이 말은 매일 뉴스와 미디어에서, 특히 범죄 조사 및 재판과 관련하여 등장한다.

우리는 범죄학자와 검시관과 병리학자의 보고를 들을 때 '법적 증거'(forensic evidence), 혹은 '법의학'(forensic medicine)이라는 말을 접한다. 그럴 때 언급되는 '법적'이라는 말은 바로 사법 제도와 사법 절차를 가리킨다. 또한 이 말은 공적 연설과 관련된 사건을 서술할 때도 사용된다. 학교는 공식적인 논쟁이나 연설이 특징인 토론 대회, 혹은 토론 행사를 갖기 때문이다.

이처럼 '법적'이라는 말의 일상적 용례와 신학적 용법의 연결은 칭의가 어떤 형식의 선언을 포함하는 법적, 혹은 사법적 문제와 관계있다는 점을 나타낸다. 따라서 우리는 그 의미를 **법적 선언** 개념으로 환원할 수 있다.

칭의 교리는 최고 질서의 법적 문제와 관계있다. 참으로 이는 죄인이 서느냐 넘어지느냐가 달려있는 법적 문제다. 즉 하나님의 최고 법정 앞에 선 죄인의 지위에 관한 문제다.

우리는 하나님의 심판대 앞에 소환될 때 완벽한 공의에 근거한 심판에 직면한다.

재판장이 완벽하게 의로우시다. 또한 그분은 전지하시며 우리의 모든 행위와 생각과 성향과 언사를 완전히 아신다. 그분의 의의 기준으로 판단받을 때, 우리는 넌지시 절망을 내비치는 시편 기자의 수사 의문문을 접하게 된다. "여호와여 주께서 죄악을 지켜보실진대 주여 누가 서리이까"(시 130:3). 이 질문에 사도 바울은 다음과 같이 명백한 대답을 제시한다. "의인은 없나니 하나도 없으며"(롬 3:10).

하나님은 우리에게 거룩하라고 명령하신다. "하나님 앞에서"(coram Deo) 우리의 도덕적 의무는 완전한 생활을 하는 것이다.

하지만 우리의 죄는 그 의무를 망쳐 놓고 우리를 하나님의 공의 앞에 벌거숭이로 노출시킨다.

사람이 일단 범죄하면 완벽한 이력은 불가능하다.

우리가 한 가지 죄를 지은 이후 완벽한 삶을 산다 해도 여전히 완전을 달성하지 못한다. 우리의 죄는 용서받겠지만, 그 용서가 죄를 무효화하지는 못한다. 즉 죄의 결과는 제거되고 개선될 수 있지만, 죄 자체는 무효화되지 않는다.

성경은 죄를 씻고 정결하게 하며 치유하고 지우는 것에 관하여 상징적으로 말한다. 하나님이 보시기에 주홍 같은 죄가 눈처럼 희어지고, 진홍 같을지라도 양털처럼 될 수 있다. 죄는 용서의 바다에 던져지거나 우슬초로 정결해질 수 있다. 그러나 이런 이미지들은 속죄나 하나님의 용서나 죄 사함을 서술하는 것이다. 우리의 기록이 바뀌는 것이 아니라 우리의 죄책이 바뀔 뿐이다. 그래서 바울은 "주께서 그 죄를 인정하지 아니하실 사람은 복이 있도다"(롬 4:8)라고 선언한다.

하나님은 우리에게 구속적인 용서를 베푸셔서 우리가 빚진 것으로 우리에게 짐 지우지 않으신다. 또한 그분은 우리를 대적하여 우리의 죄를 헤아리지 않으신다. 만일 그렇다면 (예수님 외에) 아무도 하나님의 의로운 진노를 피하지 못할 것이다. 그리스도 외에 아무도 하나님의 심판대 앞에 설 수 없을 것이다.

다시 말하지만 하나님은 은혜로 우리가 거듭나게 하시며, 우리를 성화시키시고, 심지어 영화롭게 만드실 수 있다.

하나님은 우리를 장차 완전하게 하실 것이다. 택하신 자들을 변화시키시고, 의롭다 하신 자들을 마침내 총체적이고 완벽한 의인으로 만드실 것이다. 그러나 하늘에서 완전해진 성도들조차 한때는 죄인이었으며 칭의의 은혜가 아니면 지옥에 갈 수밖에 없는 기록을 가지고 있다.

그래서 한시적인 피조물에 관한 한, 한때 불완전했던 모든 사람은 개인사 전체를 놓고 볼 때 **언제나** 불완전하다. 토마스 아퀴나스가 칭의는 언제나 불경건한 자에게 속한다(iustificatio impii)고 확언한 것이 바로 이런 뜻이다. 건강한 자에게 의원이 필요 없는 것처럼, 의로운 사람에게는 칭의가 필요 없다.

로마 가톨릭 신학과 종교개혁 신학은 모두 **죄인**의 칭의에 관심을 둔다. 그리고 양측 모두 불의한 죄인이 어떻게 절대적으로 거룩하시고 의로우신 하나님의 법정에서 심판을 견딜 소망을 품을 수 있는가 하는, 인간의 커다란 딜레마를 인정한다.

법적 칭의를 하나님이 한 사람을 의롭다고 선언하시는 **법적 선언**으로 정의하는 선에서 그치면 로마 가톨릭과 복음주의 사이에는 아무런 논쟁이 없을 것이다.

로마 가톨릭은 법적 칭의 개념에 반감을 갖고 있으며, 이 반감은 개신교적인 개념에 대한 것이다. 트렌트 공의회 제6차 회의 문서 7장에서 로마 가톨릭은 이렇게 선포했다. "우리는 각자 그분의 표준에 따라 우리 안에 의를 받아들이므로 의롭다고 간주될 뿐 아니라 참으로 의로운 자라 일컬음을 받고 실제로 의로운 자가 된다."[1]

여기서 로마 가톨릭은 의롭다고 **간주됨**(reputed)과 실제로 의롭게 **됨**(being)을 구별하는 데 힘을 쏟지만, 하나님께서 세례로 중생한 자를 의롭다고 **부르시는**(call) 것은 로마 가톨릭에도 적용된다. 즉 로마 가톨릭의 칭의는 하나님의 **법적 선언**을 포함한다는 점에서 법적이다.

하나님께서 누군가를 의롭다고 선언하시면 그 사람은 의로워진다. 그 선언의 이유 및 근거는 로마 가톨릭 신학과 개혁주의 신학 사이에 차이가 있다. 그러나 양자 모두 하나님에 의한 법적 선언이 이루어진다는 데에는 동의한다.

로마 가톨릭은 칭의란 '의로운 자로 만드는 것'을 뜻한다고 가르치는 반면 개신교는 단순히 '의롭다고 선언하는 것'을 뜻한다고 가르치는 것이라 말하기 어렵다.

로마 가톨릭은 하나님께서 의로운 자로 만드실 뿐 아니라 의롭다고 선언하신다고 본다. 개신교도 하나님이 의로운 자로 만드실 뿐 아니라 의롭다고 선언하신다고 본다.

그러나 이 둘은 동일한 방식이 아니다. 로마 가톨릭에서는 의의 선언이 중생한 죄인이 내면적으로 의롭게 되는 것 뒤에 일어난다. 하지만 종교개혁에서는 의의 선언이 그리스도의 의가 중생한 죄인에게 전가된 후에 일어난다.

이런 점에서 로마 가톨릭은 칭의가 성화 뒤에 일어나며 성화에 근거를 두고 있다고 믿는 반면, 복음주의자는 성화가 칭의 뒤에 일어나는 일이며 칭의에 근거를 둔다고 믿는다.

이 간단한 구분 때문에 몇몇 분석가는 전체 논쟁이 의미론과 오해의 문제일 뿐이며 양측이 동일한 것을 믿는다고 주장하기에 이르렀다. 그들에 따르면 유일한 차이는 로마 가톨릭이 칭의라고 부르는 것을 복음주의는 성화라고 부른다는 점뿐이다.

쟁점

하지만 이는 논쟁의 요점을 완전히 놓치는 셈이다. 진짜 문제는 칭의의 **근거**와 칭의가 유효해지는 방법이다. 쟁점에 의미론적 난점이 없다는 뜻은 아니다. 진정한 의미론적 문제는 언어의 유연한 변화에 의하여 과장되었다. 알리스터 맥그래스는 의미장(意味場) 이론을 칭의 개념에 적용하면서 이 문제를 지적한다.

한 낱말의 **의미장**(semantic field)은 단순히 동의어만 포함하지 않고 반의어와 동음이의어와 동음이자까지 포함한다. 의미장은 서로 밀접한 관련 낱말들로 매우 정확하게 규정되는 **어휘장**(lexical field)보다 훨씬 넓다. … 한 낱말을 다른 언어로 번역할 때 필연적으로 의미장의 왜곡이 일어나므로 원어에 담긴 어감과 연상이 번역어로 전달될 수 없고, 지금까지 없던 새로운 어감과 연상을 나타낸다.[2]

맥그래스가 언급한 문제는 문서를 번역해 본 사람이라면 누구나 잘 아는 것이다. 맥그래스는 또한 칭의의 **개념**과 칭의의 **교리** 차이를 지적한다. "칭의 **개념**은 구약과 신약, 특별히 바울 서신에서 자기 백성을 향한 하나님의 구원사역을 서술하는 데 사용되는 많은 개념 중 하나다. … 칭의 교리는 성경적 기원과 별개로 의미가 발전하였고 **인간과 하나님의 관계가 수립되는 수단**에 관심을 기울인다."[3]

우리는 칭의의 개념과 칭의의 교리가 다르다는 데 전적으로 동의한다. 하지만 이것이 성경적으로 타당함을 지적해야 한다. 성경의 칭의 교리는 성경의 칭의 개념과 **구별**되지만 서로 **분리**시킬 수 없다. 성경의 칭의 교리는 칭의에 관한 성경적 '개념'으로 형성되며, 다양한 표현 방식 속에서 공통되는 것의 정확한 정의를 가리킬 뿐이다.

의미장 이론은 성경 용어를 다른 언어로 번역할 때 적용된다. 이 문제는 먼저 히브리어 **세다카**(sedaqa)를 헬라어 **디카이오쉬네**(dikaiosyne)로, 그 다음에 교부들과 스콜라주의자가 사용한 라틴어로 번역하는 것과 관계있다. 예컨대 영어의 '저스티파이'(justify, 의롭게 하다)는 라틴어 **유스티피카레**(iustificare)에서 나왔다.

맥그래스는 아우구스티누스의 칭의 연구를 로마 가톨릭 교회에서 전개된 칭의 교리 후속 발전의 핵심으로 본다.

아우구스티누스는 **유스티피카레**가 '의로운 자로 만들다'라는 뜻이라고 이해했으며, 연구 기간 내내 그러한 이해를 견지한 것으로 보인다. 그러한 이해를 바탕으로 그는 **피카레**를 **비비피카레**(vivificare)와 **모르티피카레**(mortificare)로부터 유추하여 **파케레**(facere)의 비강세형으로 해석했던 것 같다. 이것은 **라틴어**에서 허용되는 해석이지만, 그 배후에 있는 **히브리어 개념**에 대한 해석으로는 받아들여질 수 없다."[4]

맥그래스는 계속해서 다음과 같이 이야기한다. "아우구스티누스는 칭의로 유효해지는 사람의 의를 전가된 것이라기보다 **내재적인**(inherent) 것으로 본다. … 따라서 사람이 받아들이는 의는 하나님으로부터 나오긴 했지만 인간 안에 있는 것이며 그의 존재의 일부분이며 그 인격의 본래적인 것, 즉 그의 것이라고 할 수 있다."[5]

내재적인 의와 **전가된** 의의 문제는 종교개혁 논쟁의 핵심이 된다. 종교개혁자들이 법적 칭의를 말했을 때, 이는 신자 안에 있는 내재적인 그리스도의 의가 아니라 신자에 대한 그리스도의 의의 전가에 근거를 둔 하나님의 법적 선언을 뜻했다.

제임스 뷰캐넌은 칭의에 대한 자신의 첫 번째 명제를 다음과 같이 진술했다. "칭의는 법적, 혹은 법정적 용어이며 성경에서 하나님이 보시기에 어떤 사람을 의롭다고 받아주시는 것을 가리키는 데 사용된다."[6]

어떤 면에서 뷰캐넌은 19세기에 글을 쓰면서 의미장 이론에 관한 20세기 맥그래스의 관심사를 앞질러 말했다.

성경의 많은 구절에 대한 올바른 해석은 성경 기자들의 **'언어 용법'**(usus loquendi)에 대한 세심한 귀납적 탐구로만 만족스럽게 수립될 수 있다. … 이런 용어의 성경적 의미는 단순한 어원이나 그 낱말이 고전 문학에서 담고 있는 의미로 결정되는 것이 아니라 히브리어와 헬라어 성경의 용례에 따라 결정되어야 한다. … 어원에 관한 한, '의롭게 하다'라는 동사는 '내재적으로 의로운 자로 만들다'라는 뜻을 가질 수 있을 것이다. 이 동사가 우리가 하나님께 인정받는 것과 관련하여 사용되는 곳에서는 오직 사법적, 법정적 의미로만 이해되어야 한다.[7]

프란시스 튜레틴도 성경에서 칭의가 "의의 주입을 뜻하지 않으며, 성경에 종종 우리의 칭의에 관하여 공공연하게 언급될 때는 언제나 법정적 용어로 설명되어야 한다"[8]고 주장했다.

칭의에 대한 칼빈의 생각

튜레틴은 법적 칭의에 대한 칼빈의 견해를 따랐다. 칼빈은 마르틴 루터처럼 칭의가 기독교 신앙의 핵심이라고 주장하며 다음과 같이 기록했다.

이제 칭의 교리를 전체적으로 토론해야 하며, 이것은 신앙을 떠받치는 주된 근거이므로 좀 더 큰 주의와 관심이 요구된다는 확신을 갖고 토론해야 한다. 무엇보다 하나님 앞에서 당신의 위상이 어떠한지, 그리고 그분이 당신에게 내릴 심판이 어떤 것인지 이해하지 못한다면 당신의 구원이 자리 잡을, 혹은 하나님을 향한 경건이 발전할 토대를 갖지 못하기 때문이다.[9]

칭의 교리에 대한 칼빈의 충분한 설명은 모든 점에서 그가 '이것이 신앙을 떠받치는 주된 근거'라는 '확신을 갖고' 연구한다는 것을 입증한다. '확신을 갖고' 하는 이 연구는 법적 칭의의 토대적 구조를 강조하는 연구다.

칼빈은 설명을 시작하자마자 서두에서 이렇게 쓴다. "사람은 하나님의 심판에서 의롭다고 여겨지고 그분의 의 때문에 영접되어 하나님 앞에서 의롭다 하심을 받는다. 하나님은 죄를 미워하시므로 여전히 죄인으로 존재하는 한, 그리고 죄인으로 간주되는 한 그분 앞에서 은혜를 발견할 수 없기 때문이다."[10] 이 표현에서 핵심 단어는 **'여겨지다'**(deemed)와 **'간주되다'**(regarded)이다. 칼빈의 요점은 간단하다. 하나님은 의롭다고 간주하시는 자만을 의롭다고 선언하실 것이다.

그러나 문제가 남는다. 하나님은 어떻게 죄인을 의롭다고 생각하실 수 있는가?

칼빈은 하나님이 이 일을 하실 수 있는 두 가지 가능한 방법을 이야기한다. 사람은 자신의 행위로 의롭다 함을 얻거나 그리스도의 행위로 의롭다 하심을 얻는다. 행위로 의롭다 함을 얻으려면 "하나님의 보좌에서 의의 증거에 해당하는 순결함과 거룩함이 발견되거나, 자기 행위의 완전함으로 하나님의 공의에 응답하고 그 공의를 만족시킬 수 있어야 한다."[11]

칼빈의 관점에서 하나님은 의를 **소유**한 사람만 의롭다고 선언하실 수 있다. 문제는 어떻게 사람이 의를 소유하느냐다. 그것을 **내재**적으로 소유하는지, **전가**에 의하여 소유되는지가 종교개혁의 중요한 문제였다. 칼빈은 이신칭의에 관하여 이렇게 말한다.

사람은 행위의 의를 용납하지 않음으로써 믿음으로 그리스도의 의를 붙들고, 그 의를 옷 입으며, 하나님 앞에 죄인이 아니라 의인으로 나타날 때 믿음으로 의롭다 하심을 얻을 것이다. 그래서 우리는 칭의를 해석하되 마치 우리가 의인인 것처럼 하나님이 우리를 받아들이시고 그분의 호의를 입게 하시는 인정으로 단순하게 해석한다. 그리고 이 칭의가 죄 용서와 그리스도의 의의 전가로 비롯된다고 말한다.[12]

칼빈은 전가를 서술하기 위하여 옷이라는 성경의 은유를 사용한다. 성경의 이미지에서 죄인은 '헐벗어 부끄러운 자'나 '더러운 옷을 입은 자'로 서술된다. 아담과 하와의 죄에 대한 첫 번째 인식은 헐벗었다는 느낌이었다. 그들은 부끄러워 숨었다. 그러므로 하나님의 첫 번째 구속의 은혜는 그분이 친히 내려오셔서 어쩔 줄 모르는 타락한 자신의 피조물에게 옷 입히실 때 나타났다고 말할 수 있다.

'덮음'의 이미지는 성경에서 특히 속죄와 연관하여 자주 등장한다. 스가랴 제사장에 대한 사탄의 비난은 제사장의 흙 묻은 옷에 대한 것이었다. 하나님은 사탄을 꾸짖으시고 제사장에게 보시기에 받으실 만하게 옷을 입히셨다(슥 3:1 - 5). 또한 신약은 "그리스도로 옷 입음"(롬 13:14)과 그리스도가 우리의 의 되심을 말한다.

그리스도의 의를 우리 죄인에게 분여하심, 혹은 전가하심으로 하나님은 우리를 의인으로 간주하신다. 마치 우리가 내재적으로 의로운 것처럼 말이다. 그러나 우리는 내재적으로 의롭지 않다. 전가에 의하여 의롭다고 '간주' 된다.

이는 우리가 "의인인 동시에 죄인"(simul iustus et peccator)이라는 루터의 진술 요점이다.

우리는 전가로 인해 의롭지만, 여전히 죄가 (우리 안에서 통치하지 못해도) 우리 안에 있다. 칼빈은 계속해서 다음과 같이 말한다. "**의롭다 하심**은 마치 결백이 입증된 것처럼 죄의 책임을 면제하는 것에 불과하다. 하나님께서 그리스도의 중보로 말미암아 우리를 의롭다 하실 때, 이는 우리의 결백에 대한 증거 때문이 아니라 의의 전가 때문에 우리를 석방하시는 것이다. 그러므로 우리는 우리 자신 안에서 의롭지 않지만 그리스도 안에서는 의롭다고 간주된다."[13]

칼빈은 이신칭의의 예로 "의롭다 하심을 받고"(눅 18:14) 집으로 돌아간 세리의 경우를 인용한다. "그가 어떤 행위의 공로로 의롭다 하심을 얻었다고 주장할 수는 없다. 여기서 말하는 것은 그가 죄 용서를 얻은 다음 하나님 보시기에 의인으로 간주되었다는 것뿐이다. 그는 어떤 행위에 대한 승인으로 의롭다 하심을 얻은 것이 아니라 하나님의 값없이 베푸시는 사면에 의하여 의롭다 하심을 얻었다."[14]

이 사면은 그리스도의 의의 전가에 근거한다. 거듭 말하지만 우리는 루터의 "의인인 동시에 죄인"이라는 진술을 다시 살피면서 전가를 하나님의 법적 선언의 기초로 본다.

루터의 이 진술은 여전히 죄인인 사람이 변화되지 않은 사람이라는 뜻이 아니다.

구원 얻는 믿음을 가진 죄인은 중생한 사람이다. 중생은 인격의 실제적 변화를 가져온다. 하지만 중생에 의한 변화가 즉각적인 완전을 일으키지는 않는다.

중생한 사람에게는 이제 성령이 내주하신다. 하지만 그는 여전히 불완전한 상태로 의롭다. 중생한 사람은 의롭게 되는 성화의 실제 과정에 있다. 하나님이 그리스도 안에서 그를 완전하게 의롭다고 선언하시기 전까지는 결코 완전한 의로움에 도달하지 못한다.

구원 얻는 믿음을 소유한 사람들은 필연적으로, 불가피하게, 그리고 즉각적으로 신앙의 열매를 나타내기 **시작**한다. 이 열매는 순종이다. 하지만 칭의의 근거는 오직 그리스도의 전가된 의뿐이다. 죄인이 의롭다 선언되고, 참으로 의롭게 되는 것은 오직 그분의 의 때문이다.

그리스도의 완전한 순종

프란시스 튜레틴은 그리스도의 완전한 순종을 이렇게 말한다.

복음은 우리 안에서 발견할 수 없고 오직 신인(神人, 데안드로포[theanthropo]) 이신 그리스도 안에서 발견할 수 있다고 가르친다. 그리스도는 자신의 완전한 순종으로 하나님의 공의를 가장 완전하게 만족시키사, 우리가 오직 그것으로 하나님 앞에서 의롭다 하심을 받을 수 있도록 영원한 의를 우리에게 가져다주는 확실한 직임을 스스로 취하셨다. 이는 우리가 원래 타고난 것처럼 그 옷을 입고 덮어(야곱처럼) 그 아래서 하나님 아버지의 영원한 복을 얻도록 하심이다.[15]

튜레틴은 오늘날의 복음주의에서 종종 간과하는 핵심적인 내용을 지적한다. 즉 그는 그리스도께서 자신의 완전한 순종으로 하나님의 공의를 완전하게 만족시키심을 말한다.

하나님의 공의를 만족시키는 그리스도의 사역이 그분의 속죄 행위로 축소되는 경우가 너무 많다. 종교개혁자들은 보속적 속죄관을 주장했지만 보속 행위는 문제의 한 측면일 뿐이다. 우리는 그리스도의 보속 행위의 **소극적** 측면과 **적극적** 측면을 구별할 수 있다. 그리스도의 속죄는 하나님의 공의의 부정적 측면을 만족시킨다. 여기서도 그리스도는 전가로 우리 죄에 대한 형벌을 마땅히 치르신다. 그분은 우리를 위하여 우리 죄에 해당하는 하나님의 형벌의 진노를 받으신다. 우리의 죄과와 우리의 불의함으로 인한 결과를 취하신다. 우리의 죄책에 합당한 심판을 받으신다. 이런 점에서 하나님의 공의가 만족된다.

속죄는 대속적이다. 왜냐하면 전가를 통해서 이루어지기 때문이다. 그리스도는 자기 백성을 위해 죄를 담당하시는 분이다. 우리의 죄를 없애시고 (도말하시고) 하나님의 공의를 만족시키시는(화목하게 하시는) 하나님의 어린양(Agnus Dei)이시다. 십자가는 하나님의 공의(하나님은 참으로 죄를 벌하신다)와 그 은혜(하나님은 우리를 위한 대속물을 통해 죄를 벌하신다)를 드러낸다.

속죄는 또한 법적 문제를 포함한다. 성자께서 자기 백성의 죄를 자기에게 전가하여, 혹은 이전하여 기꺼이 담당하신 후에 하나님은 그리스도를 죄를 '짊어진' 자로 선언하신다.

여기에 복수, 참으로 하나님의 복수가 따르는 전가가 있다. 전가된 형벌이라는 이 법적 행위는 신약 메시지의 핵심이다. 더 말할 것 없이 이는 문제의 정곡이다.

하지만 십자가만으로는 우리를 의롭게 하지 못한다. 우리는 죄과를 지불할 대속물이 필요할 뿐 아니라 적극적인 의도 필요하다. 우리는 그리스도의 **죽으심**으로 의롭다 하심을 얻을 뿐 아니라 그분의 **삶**으로 인해 의롭다 하심을 얻는다.

그리스도의 구속 사명은 십자가에 국한되지 않았다. 그분은 우리를 구원하시기 위해 완전히 의로운 삶을 사셔야 했다. 그분의 완전하고 적극적인 순종은 그분의 구원과 우리의 구원에 필수적이었다. 그분은 온전한 의의 공로를 얻으셨다. 그분의 인성뿐 아니라 자신이 구속하는 모든 자를 위해서였다. 그리스도는 적극적인 순종으로 옛 언약에 약속된 복을 취할 자격을 가지셨고, 율법의 모든 요구를 완전하게 이루셨다.

우리는 믿음으로 우리에게 전가된 그리스도의 순종으로 말미암아 의인이 되었다. 신약성경은 아담과 그리스도, 즉 '처음' 아담과 '둘째' 아담의 유사점을 말한다. 이에 대해 튜레틴은 다음과 같이 주석을 달았다. "'한 사람의 범죄([죄책]을 제공한다)로 모든 사람에게 정죄가 임했듯이, 한 사람의 의(디 헤노스 디카이오마토스[di' henos dikaiomatos, 넘치는 복]를 제공한다)로 인하여 모든 사람의 삶에 의롭다 하심이 임했다.' 전가에 의하지 않고서는 한 사람의 행위가 많은 사람의 행위가 될 수 없다."16)

칼빈은 전가에 관하여 이렇게 결론을 내린다.

우리가 하나님 앞에서 의롭다 하심을 얻는 것은 오직 그리스도의 의가 개입된 까닭이다. 이는 사람이 스스로 의롭지 않으며 형벌을 받아 마땅하지만 그리스도의 의가 전가에 의해 그에게로 전달되었다고 하는 것과 같다. 그러므로 자신을 의롭게 만드시는 하나님의 영의 영향을 받아 믿음으로 의롭다 하심을 받는다는 불합리한 독단을 내버리라. 이는 교리에 너무도 모순되며 결코 조화를 이룰 수 없다.[17]

이는 전투적인 어조다. 종교개혁의 논쟁은 평화적인 협상보다 날카로운 논쟁 영역에서 일어났다. 칼빈은 여기서 도전적 태도를 취한다. 우리는 그리스도의 **전가된** 의로 말미암아 의롭다 하심을 얻는가, 아니면 주입된 은혜, 혹은 전가된 은혜로 신자 안에 **내재된** 그리스도의 의로 말미암아 의롭다 하심을 얻는가?

칼빈은 전가에 의하여 의롭게 되는 것과 의로운 자로 '만들어지는 것'의 차이가 "결코 조화를 이룰 수 없는 것"이라고 말한다.

물론 이 상이한 견해를 취하는 사람들 중 어느 한편이 입장을 바꾸면 조화를 이룰 수 있다. 그러지 않으면 두 견해는 서로 배타적이므로 결코 조화를 이룰 수 없다.

법적 의제?

로마 가톨릭은 전가된 법적 칭의가 하나님을 '법적 의제'(擬制, 본질은 다르지만 법적으로 동일하게 처리하여 동일한 효과를 주는 것)에 연루시킨다는 근거로 이 개념을 거부한다.

로마 가톨릭은 이 견해가 하나님의 정직하심과 그분의 공의에 그림자를 드리운다고 단언한다. 하나님께서 내재적으로 의롭지 않은 누군가를 의롭다고 하시는 것은 일종의 허구적 속임수를 쓰시는 것이라고 말이다. 때문에 로마 가톨릭은 루터의 "의인인 동시에 죄인"이라는 진술을 허용하지 않는다. 사람은 의롭거나 악하다. 한 사람이 의로운 동시에 악할 수 없다(종교 개혁자에게는 한 사람이 의로운 동시에 악하다. 그러나 의와 악이 동일하다는 의미는 아니다). 로마 가톨릭은 오직 내재적으로 의로운 사람만 하나님께서 의롭다고 선언하신다고 믿는다.

또한 로마 가톨릭의 견해는 유일하게 참된 의로움은 내재적인 의뿐이라고 전제한다. 그들은 전가의 진리를 부인한다. 하지만 성경적 칭의 교리는 법적 의제가 아니다. 그것은 법적 실재다. 실제적이고 참된 의의 실제적(혹은 참된) 전가에 근거를 두기 때문이다. 그리스도의 의도, 우리에 대한 그분의 의의 전가도 의제와 관계없다. 이것은 하나님 은혜의 실재성을 나타낸다. 벌카우어(G. C. Berkouwer)는 이렇게 말한다. "믿음과 은혜의 상관관계는 의제를 배제한다."[18]

그리고 제임스 뷰캐넌은 다음과 같이 지적한다.

죄와 의의 전가는 실제적이지 않거나 참되지 않다는 의미에서 '법적 의제'가 아니다. 우리는 한계를 달고 이 진술을 사용한다. 왜냐하면 비실제적인 것과 전혀 상관없는 이른바 '법적 의제'가 있기 때문이다. "왕은 잘못을 행할 수 없다"고 말하는 것은 '법적 의제'다. 왕은 의심할 나위 없이 개인적, 사적인 자격으로 잘못을 범할 수 있고 심지어 범죄를 저지를 수도 있기 때문이다. 그러나 국가의 수장으로서 그는 공식적으로 그 나라의 법률에 책임을 지지 않는다. 그리고 정부의 오류나 범죄는 헌법 자문관들에게 전가된다. 자문관들은 자신들이 지닌 공적 지위 때문에 그 오류와 범죄를 책임져야 할 사람으로 간주되고 대접받는다.[19]

아마도 법적 의제는 종교개혁과 **솔라 피데**를 겨냥한 가장 심각하고 한탄스러운 비난일 것이다. 다름 아닌 복음이 문제가 되기 때문이다.

즉 법적 의제라는 비난은 복음을 허구로 만든다. 성경의 복음은 전가의 개념에 따라 서기도 하고 넘어지기도 한다. 그리스도께 우리의 죄가 전가되지 않으면 속죄도 없다.

또한 그리스도의 의가 우리에게 전가되지 않으면 우리에게 주입된 그 어떤 은혜도 우리를 구원하지 못할 것이다. 중생의 은혜와 성령의 내주하시는 임재와 능력을 받은 그리스도인이라도 여전히 범죄하며 하나님의 영광에 미치지 못한다.

성례의 은혜로 인한 모든 유익이 아무리 강력하고 유효하다 해도, 우리에게 절대적 공의가 요구하는 거룩함을 주지는 못한다. 우리가 하나님의 심판대 앞에 서기 위해서는 그 어떤 은혜의 수단으로 우리 안에 내재하게 하는 의보다 더 큰 의가 필요하다.

이런 이유로 마르틴 루터와 종교개혁자들은 우리가 의롭다 하심을 얻게 하는 의는 우리에게 전가된 **'우리 바깥의 의, 혹은 우리와 상관없는 의'**(iustitia extra nos)라고 주장했다.

루터가 '우리 바깥의 의'라고 말했을 때, 이는 믿음으로 말미암아 하나님 보시기에 외부에서 주어진 의가 곧 우리의 것이 된다고 본 것이다. 요점은 우리의 칭의의 근거다. 즉 내가 의롭다고 선언받게 하는 의는 내가 태어나기도 전에 달성되고 획득된 의다. 이는 '다른 이', 바로 의인이신 예수 그리스도의 의다. 그분의 의는 본래 내 의가 아니다. 그것은 오직 법적 전가로 나의 것이 된다. 내게 중요하고 나의 것으로 계산되는 의지만 내가 이루거나 만든 의가 아니다.

이처럼 루터는 우리의 칭의의 근거가 되는 의는 '외래적 의'(iustitia alienum)라고 주장했다. 이는 다른 사람의 의, 즉 우리와 '다른' 이의 의다.

그분은 우리가 그분을 모른다거나 그분이 신비적인 이방인으로 남으신다는 의미에서 우리와 다른 분이 아니다. 믿음으로 우리가 그분 '안에' 있고 그분이 우리 '안에' 계시지만 언제나 우리와 구별되신다는 의미에서 우리와는 다른 분이다.

제임스 뷰캐넌은 '그리스도의 의'와 '우리가 의롭다 하심을 얻게 하는 하나님의 의'라는 성경적 개념을 다음과 같이 연결시킨다. "이 둘, 즉 선언된 하나님의 의와 십자가에서 이루어진 그리스도의 의는 서로 구별될 뿐 분리될 수 없다."[20]

한 걸음 더 나아가 뷰캐넌은 다음과 같이 확언한다. "그리스도의 중보 사역의 공로로 간주되는 그리스도의 의는 우리에게 전가될 때도 계속 일차적으로, 그리고 한 가지 중요한 측면에서 배타적으로 오직 그 일을 이루신 그분께 속해야 한다. 그것은 결코 우리의 것일 수 없다는 의미에서 그분의 의다. 그분이 이루셨으므로 그분의 것이며, 우리에게 전가되는 한 우리의 것이다."[21]

다시 말하지만 종교개혁의 '오직 믿음으로 의롭다 하심을 얻는다'는 교리는 본질적으로 우리가 그리스도와 그분의 의, 즉 믿음으로 우리에게 전가된 의로 말미암아 의롭다 하심을 얻는다는 것을 의미한다.

로마 가톨릭은 우리가 그리스도의 의로 의롭다 하심을 얻는다는 것을 부인하지 않는다.

나중에 좀 더 자세히 살펴보겠지만, 로마 가톨릭은 그리스도의 의를 칭의의 필요조건으로 본다. 문제는 '그 의가 어떻게 신자에게 획득되느냐'다.

로마 가톨릭에서는 그리스도의 의가 신자에게 **전가**되지 않고 신자 안으로 **주입**된다. 신자가 이 주입된 의와 협력할 때 그는 내재적 의를 소유한다. 그리고 그 내재적 의는 칭의의 근거가 된다.

이 점에서 우리가 의롭다 하심을 얻게 하는 의는 우리 바깥의 의도 아니고 외래적인 의도 아니다.

분석적 견해와 종합적 견해

법적 칭의의 본질을 분명히 밝히기 위하여 개혁파 신학은 칭의에 대한 **분석적** 견해(로마 가톨릭의 견해)와 **종합적** 견해(종교개혁의 견해)를 구분한다.

언어 철학은 분석 명제와 종합 명제를 분명하게 구분한다.

분석 명제는 기본적으로 동의어 반복, 혹은 중복되는 말이다. 이는 정의나 분석에 의하여 참이다. 이 명제의 술어에는 주어에 내재하지 않는 것이 덧붙지 않는다.

가령 "삼각형은 변이 세 개인 도형이다." 혹은 "총각은 결혼하지 않은 남자다." 등이다. 동사 "…는 …이다."는 동일한 개념을 연결하는 연결사 노릇을 한다. 정의상 삼각형은 세 변을 갖고 있다. 총각은 정의상 결혼하지 않은 남자다. 즉 결혼한 총각 같은 것은 없다. 우리가 총각이라는 용어를 분석하면 이것이 내재적으로 결혼하지 않은 남자를 지시한다는 것을 깨닫는다.

수학 공식 '2+2=4'도 역시 분석적이다. 방정식의 양변은 동일하다. 술어인 '4'는 주어에 빠져 있는 새로운 정보를 내포하지 않는다.

반면, 종합 명제는 주어에 없던 정보를 술어에 덧붙인다. "저 총각은 대머리다."는 모든 총각에게 타당하지 않으므로 총각이라는 개념에 본래 있지 않은 어떤 것을 그 총각과 관련하여 말한다. 즉 총각과 대머리에 일종의 종합이 있다. 대머리라는 개념이 이 특정한 경우에 총각이라는 개념에 덧붙는다. 총각의 보편적 범주에서 나오는 하나의 구체적인 경우가 인간의 다른 구체적 특징인 대머리와 결합된다.

로마 가톨릭의 칭의관은 공의(혹은 의)가 주어에 내재할 때 그 사람을 하나님이 의롭다고 선언하시기 때문에 분석적이다. 이 주어는 하나님의 분석, 혹은 정밀 조사에 따라 의로운 것으로 드러난다.

하나님은 의인을 의롭다고 하신다. 의롭다 하심을 받은 사람은 주입된 은혜의 도움 없이 의롭게 될 수 없었지만, 그가 내재적으로 의롭게 되면 의인으로 간주된다. 그 사람으로 하여금 의롭다고 간주되게 하는 것이 전혀 덧붙지 않으며, 분석 결과 의롭다는 것이 입증되기에 의롭다고 선언된다.

반면 종교개혁의 칭의관은 이와 근본적으로 확연히 다르게 종합적이다. 하나님은 덧붙는 어떤 것, 즉 그 사람에게 내재하지 않는 그리스도의 전가된 의에 근거하여 그 사람을 의롭다고 선언하신다. 우리의 칭의의 은혜로운 특징은 하나님을 의로우신 분이고, 믿는 자를 의롭다 하시는 분으로 계시하며, 이것이 두드러지게 나타난다는 점이다.

벌카우어는 다음과 같이 지적한다.

"칭의의 선언적 특징에는 늘 은혜와 믿음의 순수한 상관관계를 생각나게 하는 것이 있다."[22]

또한 그는 **솔라 피데**와 **솔라 그라티아**가 법적 칭의를 통해 가장 순수하게 표현된다고 주장한다.

칭의에 관한 맥그래스의 견해

알리스터 맥그래스는 1540년에 굳건히 수립된 개신교 칭의 교리의 네 가지 특징을 다음과 같이 지적한다.

1. 칭의는 그리스도인이 의롭다는 법적 **선언**이지 그를 의롭게 만드는 절차가 아니다. 이는 **본성**의 변화라기보다 **위상**의 변화와 관계있다.
2. 칭의(하나님이 신자를 의롭다고 선언하는 외적 행위)와 성화, 혹은 중생(성령에 의한 내적 갱생 과정)은 분명하고 체계적으로 구분된다.
3. 의롭게 하는 의는 신자에게 전가되고 신자 바깥에 있는 그리스도의 외래적 의다. 신자 안에 있거나 어떤 방식으로든 신자에게 속하는 내재적 의가 아니다.
4. 칭의는 그리스도를 인한 믿음으로 말미암는다(per fidem propter Christum). 즉 하나님이 주신 칭의의 수단으로 이해되는 믿음과 하나님이 주신 칭의의 토대인 그리스도의 공로와 함께 일어난다.[23]

맥그래스의 요약은 다소 문제가 있다. 그는 법적 칭의에 관한 첫 번째 요점에서 "이는 본성의 변화라기보다 위상의 변화와 관계있다"고 말한다. **'관계있다'**(involve)는 말이 무슨 뜻인가? 앞에서 살펴본 것처럼 전문적으로 **칭의**는 이 선언의 유익을 받고 의롭다 하심을 얻은 사람에 관한 하나님의 법적 선언을 가리킨다. **선언**은 신자의 변화된 위상을 함축한다. 선언 자체가 신자의 본성을 바꾸지 않는다. 하지만 존 거스너가 지적하듯이, 선언은 자신의 구성적 본성이 변화되지 않은 사람을 향한 것이 아니다. 하나님은 본성이 변화되지 않은 사람에게 위상의 변화를 선언하시지 않는다.

전문적으로 볼 때 **칭의**는 인간 본성의 변화를 **의미**하지 않고 확실히 본성에 일어난 변화를 **함축**한다.

맥그래스가 두 번째 요점에서 신자에게 변화를 일으키는 "칭의와 성화, 혹은 중생"을 의도적으로 구별하므로 분명 그런 취지로 말하지는 않았을 것이다.

칭의와 성화를 구별하는 것은 적절하지만 그 둘을 분리시켜서는 안 된다. 칭의와 성화는 서로 밀접하게 관련되어 있다. 단언컨대 성화와 중생이 관련되지 않으면 칭의는 없다. 믿음과 칭의는 구분해야 하지만, 믿음은 칭의의 도구인으로 칭의와 관련되어 있다. 원인과 결과는 구별되지만, 둘은 소위 '인과의 연쇄'로 서로 연루되어 있다.

이런 의미에서 우리는 칭의의 **복합**, 혹은 **연쇄**를 말할 수 있다. 좁은 의미에서 칭의는 엄격하게 하나님의 법적 선언을 가리킨다. 그러나 복합적 의미에서, 즉 넓은 의미로는 다른 요소들이 포함된다. 하나님이 변화되지 않은 사람을 의롭다 하신다는 반율법적 오류를 피하기 위해서는 마땅히 이와 같은 주장이 있어야 한다.

중생은 한 사람의 본성에 일어난 핵심적 변화다. 구원 얻는 믿음을 소유했다면 중생한 사람이다. 이 말은 의롭다 하심을 받은 모든 사람이 중생한 사람임을 뜻한다. 그들은 본성이 변화되었다. 하지만 결코 완전해진 것은 아니다.

우리의 칭의의 근거는 중생이나 중생에서 나오는 믿음으로 우리 본성에 만들어진 변화가 아니다. 그것은 그리스도의 전가된 의일 뿐이다. 요컨대 그리스도의 의는 중생하지 않은, 혹은 믿지 않는 사람에게 전가되지 않는다. 존 거스너는 이렇게 언급한다.

가톨릭교도는 물론이고 개신교도 중에도 역사적인 개신교적 칭의를 오해하는 사람이 있듯이, 이것을 이해하는 가톨릭교도가 있다. 그래서 마이클 루트(Michael Root)는 "내가 아는 모든 개혁주의 신학자에 따르면 … 그리스도의 의롭다 하시는 의 안에서 믿는 것이 신자에게 일어나는 순간적인 변화를 이룬다"고 말했다. 이와 대조적으로 알리스터 맥그래스는 칭의에 관한 두 권짜리 개요에서 개신교도들이 칭의를 **'절대적으로'** 신자 안에 아무 '실질적 변화'를 일으키지 않는 의의 법적 선언으로 이해한다고 말한다.[24]

앞에서 거스너는 케네스 포어먼(Kenneth Foreman)의 비슷한 구절을 인용한다. "(칭의는) 인간의 상태를 가리키지 않고 오직 그의 위상을 가리킨다." 그리고 이렇게 말한다. "칭의는 분명 '인간의 상태를 가리키지' 않지만 그것을 배제하지는 않는다."[25]

아마도 **절대적으로**(strictly)와 **단지**(merely)의 차이를 지적하면 요점이 분명해질 것이다. 맥그래스가 칭의는 의의 절대적인 법적 선언이라고 말할 때, 칭의가 죄인에게 일어나며 실질적이고 순간적인 변화가 없는 단지 법적 선언일 뿐이라고 제시하지 않는다면 엄밀한 의미에서 그의 말은 옳다. 맥그래스는 칭의에 대한 분석을 마치고 이렇게 결론을 내린다.

이와 같은 분석에 근거할 때, 개신교도와 가톨릭교도 간에는 분명 칭의 문제를 둘러싼 실질적인 차이가 있을 것이다. 하지만 이 차이에는 문제가 있다. 가령 외래적으로 의롭다 하는 의와 원래적으로 의롭다 하는 의에는 얼마나 중요한 차이가 있는가?

최근에 이 차이들이 종교개혁 시대에는 중요했지만 더 이상 이전과 같은 의의를 갖지 않는다는 시각에 공감을 표하는 사람이 많아졌다. 이 말은 기독교 교단들이 칭의 문제에서 의견을 일치했다는 뜻이 아니다. 왜냐하면 그들 각각의 가르침이 그들에게 아주 다른 '느낌'이나 '분위기'를 갖고 있는 것이 명백하기 때문이다. 현대 기독교 교단들은 역사적인 의견 불일치에 관심을 기울이기보다 그들의 일치점에 초점을 두려는 것 같다. 이는 오늘날 은혜의 복음에 대한 실질적 위협이 다른 기독교 교단에서가 아니라 계몽 운동의 합리주의에서 비롯된다는 인식이 커진 데 부분적인 이유가 있을 것이다.[26]

1994년 ECT가 나오기 전에 기록된 이 충격적인 요약은 맥그래스를 선지자처럼 보이게 한다. 그는 종교개혁자들이 가장 중요하다고 여긴 외래적 의와 본래적 의의 차이를 현대 개신교도들은 별로 중요하게 여기지 않는다고 주장한다. 최근에 개신교도가 이 문제의 중요성에 관한 자신들의 견해를 약화시켰다는 그의 역사적 평가는 옳다. ECT가 이를 매우 분명하게 드러낸다.

그는 계속해서 복음에 대한 '진짜 위협'이 계몽 운동의 합리주의에서 나온다고 주장한다. 이 말은 **솔라 피데**에 대한 로마 가톨릭의 부인이 복음에 대한 '진짜' 위협이 아니라는 뜻인가?

나는 16세기부터 오늘날의 개혁파 신학자들 가운데서 로마 가톨릭의 견해가 복음에 대한 진짜 위협이 아니라고 주장하는 사람을 도무지 생각해낼 수 없다.

종교개혁자들이 믿었던 것처럼 복음이 **솔라 피데**의 선언이라면, **솔라 피데**가 그리스도의 의의 전가에 강조점을 둔 복음의 본질이라면, **솔라 피데**

의 부인은 그 어떤 모양이라도 복음에 대한 분명한 위협이다. 의심할 나위 없이 계몽주의 견해 역시 복음에 대한 위협이다. 복음이 오직 한 방향으로부터 공격받고 복음에 대한 '진짜', 혹은 '중요한' 위협이 한 가지뿐이라면 좋겠지만 사정은 그렇지 못하다.

세속 현대성의 위협이 로마 가톨릭과 종교개혁자를 연합시키려 한다면 멋진 일일지 모른다. 그러나 복음의 본질에 관한 참되고 실질적인 동의 없이는 그런 일이 일어날 수 없다. 새로운 위협 때문에 해묵은 쟁점을 해결하기 위하여 협상으로 복음을 없애서는 안 된다.

그리스도의 의의 전가에 의한 칭의라는 쟁점은 1세기의 복음을 이해하고 믿고 가르치는 것을 둘러싼 싸움이었기 때문에 16세기의 중요한 문제로 간주되었다. 오늘날은 그 어느 때보다 세속 현대성의 영향이 퍼지고 있으므로 교회는 성경적 복음에 대한 분명한 이해가 필요하다.

6
Faith Alone

트렌트 교부들은 우리를 저주하는 것이 아니라 바울을 저주한다. 바울 덕분에 우리는 사람의 의가 죄 용서에 있다는 정의(定義)를 갖는데 말이다. _존 칼빈

주입된 의:
가톨릭의 입장

로마 가톨릭의 칭의관은 무엇인가?

이 질문의 답은 쉬워 보일 것이다. 로마 가톨릭은 신앙고백의 단체다. 그들의 교리는 교황 회칙과 공의회 결의로 분명하게 표현된다. 이런 공식 가르침의 개요는 하인리히 덴칭거(Heinrich Denzinger)의 저서 『신경 총람』 (Enchiridion Symbolorum)에서 발견할 수 있다.

역사적으로 개신교 교회가 아우크스부르크 신앙고백, 웨스트민스터 신앙고백, 벨기에 신앙고백과 같은 신앙고백 문서로 자신의 신앙을 성문화했던 것처럼, 로마 가톨릭도 이런 역사적 문서로 자신의 견해를 밝혀왔다.

하지만 이 문제는 얼핏 생각할 때와 달리 볼수록 복잡해진다.

다양한 교단에 속하는 모든 개신교도가 교회의 신앙고백 표준 문서를 믿고 고수하는 것은 아니다.

신앙고백서의 입장에도 불구하고 신학자들은 초기 역사적 결의에 의하여 '해결되었다'는 교리를 가지고 계속 논쟁한다.

이와 같이 개신교 안에서 지속되는 논쟁은 **항상 개혁**(semper reformanda)하고 '과거의 오류를 바로잡는다'는 지침을 반영한다. 개신교의 신조는 교회의 어떤 형식의 무오성에 대한 서약으로도 방해받지 않는다.

한편 로마 가톨릭은 제1차 바티칸 공의회와 파스토르 아에테르누스(Pastor aeternus, 1870)의 무류성 교령이 있기 때문에 교리적 표현에 변화를 도입하려 할 때 좀 더 큰 문제가 뒤따른다.

어떤 종류의 변화가 도입되든, 변화는 이전 오류를 바로잡는 것으로 해석되지 않는다. 여기서 로마 가톨릭은 일종의 신학적 혈우병을 앓고 있는 셈이다.

로마 가톨릭을 할퀴라. 그러면 피 흘리며 죽을 것이다.

확장과 설명

로마 가톨릭이 때때로 변한다는 것은 부정할 수 없는 사실이다. 문제는 변화의 방식과 양태다.

변화의 개념은 한스 큉이 말하는 **교의의 발전**(Dogmenentwicklung)과 관계 있다. 이는 확장과 설명을 허용한다.

시대마다 교회는 다른 문화적 압력과 쟁점을 만난다. **시대정신**(Zeitgeist)은 언제나 그 시대의 공식 입장을 나타낸다.

큉은 다음과 같이 지적한다. "대부분의 교의적 정의는 이단에 맞서 선언한 **논쟁적 신조**, 오류에 대한 변호다."[1)]

이단이 교회를 공격하는 역사적 상황은 교회가 반응하는 방식에 상당한 영향을 끼친다. 아마도 이것의 가장 생생한 예는 주후 325년 니케아 신조에 포함되어 있는 **동일 본질**(homo-ousios)이라는 중심 개념일 것이다.

그리스도께서 성부와 '하나의 본질', 혹은 '동일 본질'이라는 것은 삼위일체와 그리스도의 신성에 대한 교회의 고백에 있어서 결정적이다.

교회는 아리우스 이단, 즉 역동적 모나르키아니즘이나 양자론에 반대의 목소리를 냈다.

아리우스의 추종자는 주후 268년 안디옥교회 회의의 공식에서 자신의 이론을 지지할 도피처를 찾았다. 즉 안디옥에서는 **'동일 본질'**을 거부하고 **'유사 본질'**(homoi-ousios)을 받아들였다.

아리우스주의자들은 그리스도께서 성부의 본성과 '비슷'하거나 '유사'한 본질, 혹은 본성을 가지셨다고 말했지만 그리스도와 성부께서 존재의 동일성을 갖는다는 삼위일체론을 부인했다.

또한 그들은 삼위일체를 주장하는 사람들이 주후 268년 안디옥에서 수립된 정통 신앙을 떠났다고 비난했다.

교회는 325년 니케아에서 변했는가? 니케아는 안디옥을 바로잡았는가?

325년 논쟁의 역사적인 틀은 268년의 상황과 근본적으로 달랐다.

325년 즈음에 교회는 또 다른 이단을 만났다. 안디옥에서의 적은 영지주의적 기독론을 지지하기 위하여 **'동일 본질'**이라는 용어를 사용한 사벨리우스 이단이었다. 그것은 그리스도께서 하나님과 '동일 본질'이지만 하나님보다 열등하다고 하는 이단이다. 여기서 **동일 본질**은 그리스도의 완전한 신성을 부인하는 **양태론적 의미**(양태론적 모나르키아니즘[(modalistic monarchianism)])로 사용되었다.

안디옥과 니케아에서 교회는 그리스도의 완전한 신성을 확언하려 했다.

교회는 니케아 공의회에서 안디옥교회 회의의 입장을 수정하지 않았다. 상이한 두 이단이 서로 다른 시점에 나타났고 교회는 각각의 경우마다 삼위일체 신앙을 분명히 했다. 즉 안디옥에서 교회는 **동일 본질**을 다르게 해석한 사벨리우스주의를 반대했고 니케아에서는 또 다른 식으로 **동일 본질**을 해석한 아리우스주의를 반대했다.

교회가 교리를 수정한 두 번째 예는 키프리아누스가 도입한 유명한 공식, "교회 바깥에는 구원이 없다"(Extra ecclesiam nulla salus)는 것과 관계있다. 또한 3세기 카르타고의 주교 키프리아누스는 "교회를 자신의 어머니로 두지 않으면 하나님을 성부로 모실 수 없다"(habere non potest Deum patrem, qui ecclesiam non habet matrem)고 선언했다.[2] 키프리아누스의 입장대로라면, 홍수에서 살아남으려면 노아의 방주에 있어야 하듯 구원을 얻기 위해서는 가톨릭교회 안에 있어야 한다.

'교회 **바깥**(extra)에 있음'과 반대되는 '교회 **안에** 있음'이라는 이 좁고 제한적인 견해는 점진적 발전을 겪었다.

1441년 플로렌스 공의회는 교회에 속하지 않은 자들은 무종교인과 유대인과 분리론자와 이교도이며 영생에 참여하지 못한다고 선언했다.

이 엄격한 견해는 제1차 바티칸 공의회에서 반복되었으며, 여기에서 로마 교회는 오직 한 목자를 둔 유일한 양 무리로 서술되었다. 이 견해는 피우스 12세에 의하여 회칙 '그리스도의 신비체'(Mystici corporis Christi, 1943)와 '후마니 제네리스'(Humani generis[인류의], 1950, 가톨릭교회의 근대사상 경향을 경계한 회칙)에서 재확언되었다.

하지만 '**교회 바깥**'(extra ecclesiam)이라는 표현은 상당한 수정을 거쳤다. 제1차 바티칸 공의회 이전에 피우스 9세는 교황 **담화**(1854)를 발행했는데,

여기서 그는 **어쩔 수 없는 무지**(invincible ignorance) 때문에 교회 바깥에 있는 자들이 구원을 얻을 수 있다고 말하며 '무지한 자'(ignorantia)와 '완고한 자'(pertinacia)를 구별했다.[3]

또 한 가지 미묘하지만 핵심적인 구분도 생겨났다. 트렌트에서는 죄인을 은혜의 상태로 옮기는 것을 "중생의 씻대야, 혹은 **이에 대한 소망으로**" 되는 것이라고 말했다.[4]

이 구절은 세례를 받기 원하지만 특정 이유로 세례를 받을 수 없는 사람을 세례 받고 교회의 교제 안으로 들어온 자로 간주하는 예외적 경우를 허용한다.

동일한 구분이 교회와 연합하고자 하나(votum ecclesiae) 그러지 못하게 하는 상황에 놓인 사람에게도 해당된다. 이 사람은 교회에 가입하려는 **명시적 서원**(votum explicitum)을 갖고 있다. 이는 '그리스도의 신비체'(Mystici corporis Christi, 1943) 회칙에 의하여 조금 더 수정된다. 여기서는 진지하게 하나님의 뜻을 행하려는 자들에게 교회와 연합하고자 하는 암묵적 서원이 있다고 인정한다.

이를 "교회에 대한 열망"(votum ecclesiae implicitum)[5]이라 하며, 이로써 **교회 바깥** 범위가 크게 확대된다.

우리는 로마 가톨릭이 자신의 교리를 확장하고 발전시킬 수 있다는 것을 안다. **교회 바깥**이라는 표현의 역사적 발전은 이 교리의 폐기나 반박, 혹은 부인과 관계없다. 로마 가톨릭이 교회 '안'이나 '바깥'에 있다는 의미를 확장하여 이해함으로써 그 교리가 **확대**되었다.

이러한 발전 때문에 많은 사상가들이 로마 가톨릭이 **솔라 피데**를 정죄하는 트렌트 공의회의 태도를 철회했다는 낙관적 견해를 갖는다.

오늘날 로마 가톨릭이 개신교 안에서 '나뉜 형제'를 서술하기 위하여 사용하는 용어들은 트렌트 공의회의 저주에 대한 암묵적인 부인이며, 로마 가톨릭의 칭의관이 부드러워지거나 심지어 바뀌었다는 말로 들린다.

트렌트: 마지막 공의회?

여기서 생각해볼 문제가 있다. 칭의에 관한 트렌트 공의회의 가르침은 가톨릭교회의 최종 진술인가?

단연코 그렇지 않다. 로마 가톨릭은 자신의 칭의 교리를 발전시켰으며, 의심할 나위 없이 앞으로도 그러할 것이다. 에큐메니컬 공의회 중 칼케돈 공의회나 니케아 공의회조차 모든 가능한 발전을 종언시킨다는 의미에서 최종적이지 않다.

이 공의회들은 최종적이지 않고, 다만 **중요**할 따름이다. 로마 가톨릭은 트렌트 공의회에서 표명한 견해를 발전시킬 수 있다. 로마 가톨릭이 트렌트의 입장을 수정하려면 자신의 견해를 바꿔야 한다.

개신교의 견해와 정면으로 대립하는 로마 가톨릭의 칭의관은 트렌트에서, 구체적으로 제6차 공의회에서 표명되었다.

이 공의회에서 로마 가톨릭은 제2차 오랑쥬교회 회의에서 정죄되었던 고대 펠라기우스 이단에서 멀어지는 데 상당한 노력을 기울였다.[6]

펠라기우스는 아담의 죄가 아담에게만 영향을 끼치며 원죄를 통하여 그 후손에게 이전되거나 전가되지 않는다고 주장했다. 그에 따르면 사람은 은혜 없이도 의로워질 수 있다. 은혜는 다만 의를 '용이하게' 한다.

그러나 로마 가톨릭은 트렌트에서 구원을 위한 은혜의 필요성을 분명하고 강력하게 확언했다. 앞으로 살펴보겠지만, 공로와 은혜를 둘러싼 종교 개혁의 논쟁이 중대했으나 로마 가톨릭은 은혜의 필요성을 조금도 부인하지 않았다.

이처럼 트렌트는 칭의를 위한 믿음의 필요성을 강조했다. 트렌트는 이렇게 선언한다.

"그러므로 우리는 믿음으로 의롭다 하심을 얻는다. 왜냐하면 믿음은 인간 구원의 출발이며 모든 칭의의 토대와 뿌리이기 때문이다. 믿음이 없이는 기쁘시게 못하며(히 11:6) 하나님의 아들들의 교제에 들어올 수 없다. 따라서 우리는 거저 의롭다 하심을 얻었다. 믿음이든 행위든 칭의보다 앞서는 것 중 칭의의 은혜를 얻을 만한 공로가 되는 것은 없다."[7]

로마 가톨릭은 칭의의 필요조건으로 믿음을 배제하지 않고, 믿음이 칭의의 필수 요소라고 선언한다. 그리고 이 선언은 믿음에 관한 몇 가지 중요한 것을 공표한다.

1. 칭의는 '믿음'에 의한 것이다(per fidem).
2. 믿음은 구원의 '시작'(initium)이다.
3. 믿음은 모든 칭의의 '토대'(fundamentum)다.
4. 믿음은 모든 칭의의 '뿌리'(radix)다.[8]

여기서 우리는 로마 가톨릭이 믿음에 의한 칭의를 말한 것은 적어도 믿음이 모든 칭의의 시작과 토대와 뿌리라는 뜻으로 말한 것이라고 결론 내린다. 라틴어 단어를 약간 바꾸면, 믿음은 칭의의 시초이며 기초이고 근본적인 것이라고 말할 수 있다.

이를 어떻게 이해하더라도 로마 가톨릭이 믿음에 의한 칭의를 확언하는 것은 분명하다. 하지만 로마 가톨릭이 확언하는 바는 믿음으로 의롭다 하심을 얻는다는 종교개혁의 견해와 다르다. 무엇보다 그들은 **오직**(sola)이라는 단어를 배제했다.

마르틴 루터와 종교개혁자들은 칭의가 오직 믿음에 의한 것이라고 주장했다. 하지만 가톨릭은 칭의가 '믿음에 의한' 것이지만 '오직 믿음'에 의한 것은 아니라고 확언한다.

두 번째 결정적인 차이점은 '…**에 의한**'(per)이라는 의미와 관계있다. 종교개혁자들에게 '…에 의한'이라는 말은 믿음을 칭의의 도구인, 혹은 칭의를 얻는 수단으로 지칭한다.

앞에서 살펴본 것처럼 종교개혁자들은 그리스도의 의나 공로가 칭의의 유일한 근거이며 그리스도의 의는 믿음으로 신자에게 전가된다고 보았다. 그러므로 믿음은 신자가 그리스도와 그분의 의에 법적으로 연결되게 하는 도구, 혹은 도구인이다.

하지만 로마 가톨릭은 이런 의미로 '…에 의한'이라는 말을 사용하지 않는다. 이 점은 로마 가톨릭이 영세성사가 칭의의 도구인이라고 주장함으로써 분명하게 나타난다.

로마 가톨릭에서 세례는 칭의의 처음, 혹은 시초적 원인이라는 의미에서 칭의의 일차적 도구인이다. 이후 세례로 얻는 칭의의 은혜를 잃을 수 있으므로 칭의의 두 번째 도구인은 고해성사다.

제6차 트렌트 공의회 문서 14조에 이런 글이 쓰여 있다. "칭의의 은혜를 죄로 말미암아 상실한 자들은 하나님의 감동을 받아 고해성사를 통해 그리스도의 공로에 의하여 잃은 은혜를 회복하려고 노력할 때 다시 의롭다 하심을 얻을 수 있다. 이와 같은 칭의 방법은 타락한 자들을 회복시키기 때문이다. 이것을 거룩한 교부들은 은혜의 상실, 즉 난파를 당한 이후에 만나는 두 번째 지지물이라고 적절하게 칭했다."[9]

그러므로 로마 가톨릭에서 믿음은 칭의의 도구인이 아니다. 그들에게는 성사가 도구인이며, 첫 번째는 영세성사, 두 번째는 회복의 의미를 가진 고해성사다.

개정된 **가톨릭교회 교리 문답**은 이렇게 선언한다. "칭의는 영세, 곧 믿음의 성사로 수여된다. 칭의는 그 긍휼의 능력으로 우리를 내적으로 의롭게 만드시는 하나님의 의에 우리를 조화시킨다."[10] 즉 가톨릭교회에서는 세례가 칭의를 **수여**하며 그런 의미에서 세례는 칭의의 도구인이다.

칭의가 오직 믿음으로 말미암지 않는다는 점은 제6차 트렌트 공의회 문서 15조에 분명하게 기록되었다.

"교활한 말과 아첨하는 말로 순진한 자들의 마음을 미혹하는"(롬 16:18) 자들의 교묘한 수완에 맞서서 받아들인 칭의의 은혜가 불신에 의하여 상실될 뿐 아니라(불신에 의하여 믿음 자체도 상실된다) 다른 모든 사죄(死罪)에 의해서도(이 경우에는 믿음이 상실되지 않는다) 상실된다고 주장해야 한다. 이와 같이 불신자뿐 아니라 신자 중에서도 "음행하는 자나 우상 숭배하는 자나 간음하는 자나 탐색하는 자나 남색하는 자나 도적이나 탐욕을 부리는 자나 술 취하는 자나 모욕하는 자나 속여 빼앗는 자"(고전 6:9-10; 딤전 1:9-10)와 사죄를 범하는 다른 모든 자들을 하나님의 나라에서 배제하는 율법의 가르침을 옹호해야 한다. 이들은 하나님의 은혜로 도움을 받아 이런 죄를 억제할 수 있거나, 이런 죄 때문에 그리스도의 은혜에서 끊어진다.[11]

이 진술은 은혜 상태에서 떨어질 수 있는 가능성이나 암묵적인(명시적이지 않은) 반율법주의처럼 로마 가톨릭과 역사적 개신교를 구분하는 심각한 부수적 쟁점을 제기한다. 하지만 여기서 우리의 관심사는 믿음과 칭의의 관계다.

트렌트 공의회는 칭의의 은혜가 두 가지 방식으로 상실될 수 있다고 이야기한다. 첫째는 불신에 의한 것으로, 이 경우에는 믿음도 상실되고 칭의도 상실된다.

두 번째, 좀 더 중요한 방식은 사죄에 의한 것이다. 이 경우 믿음은 유지되지만 칭의는 상실된다. 참믿음은 소유하고 칭의는 소유하지 못할 수 있다면 칭의가 오직 믿음에 의한 것이 아니라는 게 분명해진다.

쉽게 말해 이 믿음을 종교개혁자가 참된 믿음으로 보았을지 논쟁의 여지가 있다. 하지만 로마 가톨릭은 칭의를 포함하지 않는 이 믿음을 참된 믿음으로 보았다.

믿음을 칭의의 토대와 뿌리로 보는 로마 가톨릭의 견해와 칭의가 믿음에 의한 것이라는 선언으로 다시 돌아가보자. 여기서 우리는 '…에 의하여'라는 말이 믿음이 칭의의 '도구적' 원인이라는 뜻을 갖지 않음을 알게 된다.

이 질문에 답하려면 먼저 '…에 의하여'가 포함하지 않는 내용이 무엇인지 규정해야 한다.

로마 가톨릭은 분명 칭의가 믿음 없이, 혹은 믿음을 떠나서 되는 것이 아니라고 말하고 있다. 즉 믿음은 칭의의 필수적인 토대이며 뿌리다. 로마 가톨릭에서는 믿음에 의한 칭의가 믿음과 **더불어**, 그리고 어떤 의미에서 믿음에 **의하여**, 혹은 믿음으로 **말미암는** 것임을 뜻한다. 여기서 말하는 '…에 의한', 혹은 '…로 말미암은'은 칭의를 동반하는 믿음을 가리킨다.

칼빈의 반박

16세기에 존 칼빈은 날카로운 비판으로 이 선언에 대응했다.

그들은 성경의 교리가 분명히 이 교령과 모순된다는 것을 알았다. 때문에 의심하지 못하게 하려고 먼저 사람이 믿음으로 의롭다 하심을 얻는 것이 무엇인지 설명하면서, 믿음이 구원의 시작이며 칭의의 토대라고 말한다. 그들은 마치 이 해결책으로 문제에서 벗어난 것처럼 즉시 다른 문제로 옮겨간다. 즉 사도들이 믿음이든 행위든 칭의보다 앞서는 모든 것은 칭의를 얻을 만한 공로가 없기 때문에 우리가 거저 의롭다 하심을 얻으며 … 믿음은 칭의가 시작되게 하므로 의롭게 한다고 가르친다는 것이다.[12]

그런 다음 칼빈은 칭의에 대한 성경적 가르침을 살피는데, 특별히 바울이 아브라함을 믿음으로 의롭다 하심을 얻은 자들의 모범으로 보는 경우를 자세히 다루었다.

믿음은 사람의 칭의가 이후 다른 곳에서 완성될 수 있도록 의에 이르는 길을 열어주지 않는다. … 고정되고 움직일 수 없는 위치가 순간적인 통과와 다르듯, 그들의 교의는 바울의 교리와 다른 의미를 지닌다. 성경의 모든 구절을 모으는 것은 단조롭고 쓸데없는 일이었다. 추측하건대 이 몇몇 구절로도 칭의의 시작은 물론 칭의의 완성도 믿음에 돌려야 한다는 사실이 명백하고도 남는다.[13]

칼빈의 뜨거운 논쟁으로 믿음이 칭의에서 차지하는 역할이 분명해진다.

로마 가톨릭은 믿음이 칭의의 시작이라고 하지만 이 시작은 영속적 칭의를 산출하지 못한다. 칼빈은 칭의의 **시작**은 물론이고 그 **완성**도 믿음에 돌려야 한다는 사실이 "명백하고도 남는다"고 했다.

칼빈이 칭의의 완성을 믿음에 돌린 주된 이유는 칭의가 신자에 대한 그리스도의 의 전가에 근거하기 때문이다. 즉 우리의 칭의에 요구되는 바는 그리스도의 의가 전가되는 것이며, 이 의는 믿음이 존재하는 순간에 전가된다.

이제 우리는 신자에 대한 그리스도의 의 **전가**에 의한 칭의와 신자에 대한 그리스도의 의 **주입**에 의한 칭의라는 결정적 쟁점으로 들어선다. 그리스도의 의 주입이 믿음에 의하여 시작되므로 로마 가톨릭은 칭의가 믿음에서 비롯된다고 말할 수 있다. 하지만 그리스도의 의 주입이 우리의 칭의를 즉각적으로 완성시키지 않으므로 우리는 오직 믿음으로 의롭다 하심을 받지 못한다.

법적 칭의를 다룰 때처럼 종교개혁은 주입된 의와 전가된 의 구별에 초점을 두었다.

로마 가톨릭은 신자가 이 은혜에 동의하고 협력하면(assentire et cooperare) 그리스도의 의 주입이 칭의를 가능케 한다고 이야기한다. 트렌트 공의회 문서 16조는 다음과 같다.

그리스도 예수는 지체의 머리이시며 포도가지의 포도나무로서(요 15:1 - 2) 의롭다 하심을 얻는 자들에게 능력을 계속 주입하신다. 그 능력은 언제나 그들의 선행을 앞서고 동반하고 뒤따르며, 이 능력이 없으면 그들은 하나님을 도무지 기쁘시게도 못하고 칭찬받을 만한 사람이 될 수도 없다. 그러므로 우리는 의롭다 하심을 받은 자들이 하나님 안에서 행한 행위로 말미암아 이생의 상태에 따라 하나님의 율법을 완전히 만족시켰고, 참으로 영생을 받을 자격을 갖추었다고 간주되지 못하는 일은 더 이상 없다고 믿어야 한다.[14]

여기서 로마 가톨릭은 그리스도를 포도가지의 힘의 원천인 포도나무로 보는 은유에 호소한다.

선행에 필요한 능력을 공급하는 것은 신자에 대한 그리스도의 의가 주입되는 것이다. 트렌트는 이 주입된 능력이 신자의 선행을 "앞서고 동반하고 뒤따른다"고 선언한다. 또한 주입된 이 능력은 선행을 앞서고 동반하고 뒤따를 뿐 아니라 선행의 필요조건이 된다.

거듭 말하지만 트렌트는 분명 조잡한 형태의 펠라기우스주의와 거리를 두려 한다. 은혜롭게 주입된 그리스도의 의는 칭의에 절대적으로 필요하다. 이는 단연코 '자기 의' 교리가 아니다. 트렌트는 이 주입이 없으면 신자가 선행을 해도 "하나님을 도무지 기쁘시게도 못하고 칭찬받을 만한 사람이 될 수도 없다"고 선언한다.

복음주의자와 가톨릭교도가 협력한 칭의에 관한 공동 성명문은 이렇게 기록되어 있다. "우리는 그리스도 때문에 믿음으로 말미암아 은혜로 의롭다 하심을 얻는다는 것을 함께 확언한다."[15]

이 진술은 트렌트의 칭의관과 일치한다.

칭의는 은혜에 근거한다. 믿음으로 말미암는다(per fidem). 그리고 '그리스도 때문'이다. 그리스도의 주입된 의가 아니면 칭의가 일어날 수 없기 때문이다.

이런 정도에서 개신교도와 로마 가톨릭교도는 연합적 확언에 쉽게 동의할 수 있다.

아마도 정통 가톨릭교도는 트렌트 공의회에 따라 그것을 해석할 것이다. 그리고 정통 복음주의자는 그것을 다른 뜻으로 해석할 것이다. 가톨릭교도에게 '그리스도 때문에'는 사람을 의롭게 하는 그리스도의 의가 **주입**되는 것을 가리킨다. 반면 복음주의자에게 '그리스도 때문에'는 한 사람이 의롭다고 선언되는 그리스도의 의의 **전가**를 가리킨다.

트렌트 공의회는 16조에서 한 걸음 더 나아가 그리스도의 주입된 능력이 칭의에 필요할 뿐 아니라 (신자가 그 능력과 협력한다면) 의를 이루는 데 유효하다고 확언한다. 이 주입된 능력의 열매(선행) 덕분에 하나님의 율법을 완전히 만족시키고 참으로 영생의 공로를 얻는 데 그 무엇도 더 필요치 않다.

16조는 이렇게 계속된다. "우리 자신에게 나와 우리 것으로 수립된 우리의 의(롬 10:3; 고후 3:5)와 하나님의 공의 모두 무시되거나 거부되지 않는다. 왜냐하면 우리 안에 내재하여 우리로 의롭다 함을 얻게 하므로 우리의 것이라고 일컬어지는 그 공의는 하나님이 그리스도의 공로로 말미암아 우리에게 주입하신 하나님의 것(공의)이기 때문이다."16)

로마 가톨릭은 펠라기우스주의의 자기 의와 (그들이 생각하기에) 법적 의제인 종교개혁의 견해 사이에서 길을 모색하려 한다.

첫 번째 예로 로마 가톨릭은 우리의 공의가 우리 자신으로부터 나와 우리 것으로 수립되지 않는다고 선언한다. 두 번째 예로 로마 가톨릭은 하나님의 공의를 무시하거나 거부하지 않는다.

그들은 두 가지 방식으로 하나님의 공의를 존중한다.

① 우리의 칭의는 주입에 의하여 하나님으로부터 우리에게 전달되므로

하나님의 공의에 의존한다. ② 하나님은 **내재적** 공의, 혹은 의를 소유한 자들을 의롭다고 선언하신다.

로마 가톨릭의 칭의 교리와 종교개혁 칭의 교리의 차이점은 전가된 의와 주입된 의의 쟁점에서 가장 본질적으로 나타난다.

16조는 매우 엄숙한 선언으로 끝맺는다. "신실하고 굳건하게 받아들이지 않는 자마다 의롭다 하심을 얻을 수 없는 가톨릭의 칭의 교리에 따라 (모든 사람이 마땅히 붙잡고 따라야 할 것뿐 아니라 피하고 멀리해야 할 것도 알게 하는) 이 교회 법규를 추가한 것은 거룩한 공의회에 선한 일이다."[17]

16조의 이 마지막 문단은 트렌트 칭의 교리에서 벗어난 견해를 정죄하는 교회 법규로 옮겨가는 전이점 구실을 한다.

로마 가톨릭은 한 사람이 이 교리를 **"신실하고 굳건하게"** 받아들이지 않으면 "의롭다 하심을 얻을 수 없다"고 엄숙히 선언한다. 로마 가톨릭의 칭의 교리를 (신실하고 굳건하게) 받아들이는 것은 칭의의 필수 조건이다. 이 점에서 로마 가톨릭은 그들의 칭의 교리가 구원에 꼭 있어야 하는 신앙의 본질적 조항이라고 확언한다. 종교개혁자들도 구원의 본질이 여기서 문제가 되고 있다는 자신들의 주장을 굳건히 내세웠다.

세 가지 교회 법규

트렌트 공의회는 주입된 의로 말미암는 칭의 교리를 분명히 표현하고 이 교리의 수용이 칭의에 필수적이라고 선언한 다음 교회 법규 11조에서 이렇게 선언했다. "만일 어떤 사람이 '성령으로 말미암아 … 우리 마음에 부은 바 되고'(롬 5:5) 우리 안에 머물러 있는 사랑과 은혜를 배제한 채 오직 그리스도의 의의 전가나 죄의 사면으로만 의롭다 하심을 얻는다고 하거나 우리를 의롭다 하는 은혜만이 오직 하나님의 선한 뜻이라고 하면 저주받을지니라."[18]

이 교회 법규는 어느 정도 무차별적인 공격의 성격을 띤다. 몇몇 총알은 종교개혁의 입장을 완전히 빗나갔고, 몇몇은 로마 가톨릭 자신을 쏘았다. 종교개혁자는 의롭다 하심을 받은 죄인에 대한 은혜의 주입을 배제하지 않았다.

참으로 은혜는 중생과 성령의 내주하심을 통하여 영혼에 부어진다. 쟁점은 칭의의 근거다. 종교개혁자들에게 칭의의 근거는 그리스도의 전가된 의지 신자 안에 내재하는 주입된 의가 아니었다.

이 엽총은 종교개혁의 전가 교리를 공격한다. 종교개혁자들은 우리가 오직 그리스도의 의가 전가되어야만 의롭다 하심을 얻는다고 했지, 이 전가가 신자에 대한 은혜의 주입을 배제한다고 말하지 않았다. 즉 그들은 '오직' 칭의만이 하나님의 선한 뜻이라고 가르치지 않았다.

그러므로 마지막 절은 요점을 놓친 것이다. 이는 소시누스주의(Socinianism)의 칭의관을 공격한다. 이는 로마 가톨릭에게만큼이나 종교개혁자들에게도 모순되는 견해였다.

칼빈은 교회 법규 11조에 대해 다음과 같이 분명하게 대답했다.

우리가 이 문제에서 오직 믿음을 언급할 때, 사랑으로 역사하지 않는 죽은 믿음을 생각하는 것이 아니라 믿음을 칭의의 유일한 원인으로 주장하는 것(갈 5:6; 롬 3:22)을 독자들이 이해해주기 바란다.

그러므로 의롭다 하는 것은 오직 믿음뿐이지만, 독자적인 믿음이 의롭다 하는 것은 아니다. 마치 땅을 따뜻하게 하는 것이 오직 태양의 열만은 아닌 것과 같다. 왜냐하면 태양열은 언제나 빛과 결합되어 있기 때문이다. 우리는 중생의 전체 은혜를 믿음과 떼어놓지 않지만, 의당 의롭게 하는 능력과 기능을 전적으로 믿음에 돌린다. 트렌트의 교부들은 우리를 저주하는 것이 아니라 바울을 저주한다. 바울 덕분에 우리는 사람의 의가 죄 용서에 있다는 정의를 갖는데 말이다.[19]

교회 법규 11조가 불명확했듯이 교회 법규 9, 10조도 그러하다. 교회 법규 9조는 이렇게 선언했다. "어떤 사람이 죄인이 오직 믿음으로 의롭다 하심을 얻는다 하되 칭의의 은혜를 얻기 위하여 협력할 다른 어떤 것도 필요치 않으며 그가 자기 의지의 행위로 준비되고, 그러고자 하는 마음을 갖는 일이 도무지 필요 없다는 뜻으로 말하면 저주받을지니라."[20]
그리고 이 진술에 대해 칼빈은 다음과 같이 대답했다.

이 교회 법규는 정경(正經)과 매우 거리가 멀다. 왜냐하면 이는 전혀 일치하지 않는 것을 결합하기 때문이다. 그들은 마치 한 사람이 믿어 의에 이르는 것이 그 사람의 마음과는 상관없다는 듯 자기 의지의 움직임 없이 믿음으로 의롭다 하심을 얻는다고 상상한다. 그들과 우리 사이에는 이런 차이가 있다. 그들은 이 움직임이 사람에게서 온다고 확신하는 반면, 우리는 하나님이 우리 의지를 그분께 이끄시므로 믿음이 자발적이라고 주장한다. 덧붙여 말하면, 우리는 사람이 오직 믿음으로 의롭다 하심을 얻는다고 말할 때 사랑 없는 믿음을 생각하는 것이 아니라 믿음만 칭의의 원인이 된다는 뜻이다.[21]

칼빈이 대답한 요지는 교회 법규의 산탄 공격을 피하는 것이다.

칼빈과 종교개혁자들은 칭의가 오직 믿음으로 말미암는다고 주장했지만 인간의 의지가 믿음의 연쇄에서 빠진다는 뜻으로 말하지는 않았다.

교회 법규 9조가 정죄한 **솔라 피데**는 종교개혁의 **솔라 피데**가 아니다. 구원 얻는 믿음에 의지나 사랑이 빠지는 것은 아니지만 죄인의 의지나 자비는 칭의의 '원인'이 되지 못한다.

트렌트의 교회 법규 10조는 칭의의 법적 성격에 심각한 문제를 제기한다. "어떤 사람이 그리스도께서 우리를 위하여 공로로 얻으신 그분의 공의 없이 의롭다 하심을 얻는다거나(갈 2:16) 그 공의에 의하여 형식적으로 의롭다고 하면 저주받을지니라."[22]

이 짧은 법규는 다소 혼란스럽다. 첫 번째 절은 그리스도께서 우리를 위하여 공로로 얻으신 공의 없이 우리가 의롭다 하심을 얻을 수 있다는 개념을 정죄한다. 이는 그리스도의 의를 떠난 칭의를 말하는 펠라기우스 이단을 분명히 정죄하는 것이다.

앞에서 살펴본 것처럼 이 쟁점은 '그리스도의 의가 어떻게 우리의 칭의에 도움을 주는가?' 하는 점에서 고조에 달했다. 이는 우리에게 전가된 그리스도의 의인가, 아니면 우리 안에 주입된 그리스도의 의인가?

교회 법규 10조의 마지막 절은 사안의 핵심을 찌른다. 이 절은 펠라기우스주의뿐 아니라 **형식적 칭의**도 정죄한다. 여기서 문제가 되는 것은 **형식적**(formal) 칭의와 **실질적**(material) 칭의의 구분이다.

이 구분은 형상(form)과 질료(matter)에 대한 아리스토텔레스의 구분에 뿌리를 둔 고전 신학 언어에서 생겼다.

형식적인 것과 실질적인 것의 차이는 본질적인 것과 실존적인 것, 개념적인 것과 실제적인 것, 인식적인 것과 경험적인 것의 차이와 관계있다.

종교개혁자들은 신자 자체로는 실존적으로나 실제적으로나 경험적으로 의롭지 않지만 하나님께서 그들을 의롭다고 보시거나 여기시거나 간주하신다는 의미에서 신자가 형식적으로 의롭다고 본다. 이는 칭의가 '단순한 형식성', 즉 법적 의제라는 뜻은 아니다.

하나님께서 한 사람을 형식적으로 의롭다고 보시는 것은 그리스도의 **실제적 의의 실제적 전가**에 근거를 두시는 것이다. (하나님의 의를 칭의의 '유일한 형상인'으로 말하는) 로마 가톨릭은 하나님의 형식적 칭의 선언이 신자의 **실질적 의**에 근거를 둔다고 말한다.

'형식적' 칭의에 대한 로마 가톨릭의 정죄는 신자가 **의인인 동시에 죄인**이라는 루터파와 개혁파의 견해를 염두에 둔 것이다.

종교개혁자들은 신자가 실질적으로 의로워지기 전에 하나님이 신자를 형식적으로 의롭게 보신다고 확언했다.

반면 로마 가톨릭은 신자가 실질적으로 의로워지기 전까지, 혹은 의로워지지 못하면 하나님께서 신자를 형식적으로 의롭게 보지 않으신다고 이야기한다.

칼빈은 교회 법규 10조에 대해 이렇게 대답한다.

이 저주가 유효할 수 있다면 궤변술에 익숙하지 않은 모든 사람이 단순하다는 이유로 큰 값을 치를 것이다. 앞에서 그들은 자신들의 교령에서 하나님의 의가 칭의의 유일한 형상인이라고 확언했다. 이제는 "우리가 그리스도의 순종으로 형식적으로 의롭다." 말하는 자들을 저주한다. … 그리스도의 의가 우리에게 오직 모범이나 전형에 불과하다고 말하는 것이 불경한 것처럼 누구든지 형식적으로, 즉 우리의 의가 단순히 관계에 대한 것이라는 의미에서 자질이 아닌 전가에 의해 우리가 의롭다고 가르친다면 비난을 피할 수 없기 때문이다. 하지만 '**형식적으로**'라는 부사는 두 가지 의미로 사용된다.[23]

제6차 트렌트 공의회의 나머지 교회 법규 중 많은 내용이 칭의에서 행위의 기능에 관하여, 그리고 구원의 확신에 관하여 말한다.

이 문제들은 종교개혁 시대에 첨예하게 논의되었지만 여기서는 다루지 않을 것이다.

공로와 은혜, 믿음과 행위의 관계는 우리가 다음 장들에서 개별적으로 다룰 칭의의 광범위한 문제의 주요 쟁점들이다.

트렌트 공의회는 교회 법규와 교령에 대한 교황의 인준을 청원하는 말로 끝맺었다. 피우스 4세는 이 청원을 듣고 승인했다. 트렌트 공의회를 승인하면서 피우스는 다음과 같이 선언했다.

더없이 거룩한 순종으로, 그리고 거룩한 교회 법규가 규정한 형벌과 우리 재량권에 속하는 파면까지 포함한 더욱 심한 형벌 아래, 우리는 존경하는 형제, 총대주교, 대주교, 주교, 그리고 교회의 다른 모든 고위 성직자 각각에게 그 위치와 지위와 서열과 위계가 어떠하든, 설사 추기경의 명예로 구별되었더라도 자신의 교회와 도시와 관구에서나 법정에서나 법정 바깥에서 상기한 교령과 규례를 부지런히 준수할 것을 명하며, 어떻게 관련되었든 자기에게 속한 신자 모두가 이 교령과 규례를 신성히 준수하게 할 것을 명한다.

모든 반대자와 완고한 자는 이 교령에 담겨 있는 사법적 판결과 질책과 교회의 형벌을 받을 것이며, 모든 상소는 배제할 것이며, 필요한 경우 세속의 도움을 청할 것이다.[24]

7

Faith Alone

공로 같은 것은 없다. 의롭다 하심을 받는 모든 사람은 값없이 의롭다 하심을 받으며, 이는 오직 하나님의 은혜 때문이다. … 그리스도만이 자신의 공로와 사역으로 다른 이를 도와 구원하기에 적합하시다. _마르틴 루터

공로와 은혜

종교개혁자들은 **솔라 피데**와 **솔라 스크립투라** 외에 **솔라 그라티아** '오직 은혜'를 강조했다. 구원의 은혜적 성격은 로마 가톨릭이나 종교개혁자 공히 위대한 성 아우구스티누스에게 호소하며 인정했던 바다. 신학 역사에서 **솔라 그라티아** 개념은 펠라기우스 이단에 관한 5세기의 격렬한 논쟁에서 생겨났다. 이 장에서는 진행 중인 공로와 은혜의 쟁점을 살피기에 앞서 이 논쟁을 간략하게 요약할 것이다.

아우구스티누스와 펠라기우스

펠라기우스 논쟁의 주인공은 한쪽은 성 아우구스티누스, 다른 쪽은 수도사 펠라기우스와 환관 코일레스티우스(Coelestius)와 주교 에클라눔의 율리아누스(Julian of Eclanum) 세 사람이었다.

큰 논쟁이 일어나기 전에 펠라기우스는 아우구스티누스의 유명한 기도 "주님이 명하시는 것을 주시고, 주님이 바라시는 바를 명하소서."에 불쾌해 했다.

펠라기우스는 하나님께서 그분의 명령을 행할 수 있는 능력을 반드시 은혜로 허락하신다는 개념이 혼란스러웠다. 그는 하나님이 의로우시다면 은혜가 있어야만 수행할 수 있는 일을 명령하실 리 없다고 가정했다.

책임은 능력을 가정한다. 사람은 완전한 덕 안에서 행해야 하므로 완전한 덕 안에서 행할 수 있다. 이에 대해 아돌프 하르낙은 다음과 같이 지적한다. "엄격하게 규정되고 하나님에 대한 개념과 독립된 자연과 자유 의지와 덕과 율법 등은 펠라기우스주의의 표어였다. 스스로 획득한 덕은 상급이 따르는 최고선이다. 종교와 도덕은 자유정신 영역이다. 사람은 자기 노력으로 언제든지 이러한 것들을 획득한다."[1]

카르타고 종교 회의에서 코일레스티우스가 주로 표명한 펠라기우스의 견해는 다음과 같이 요약되었다.

(펠라기우스의 가르침에 따르면) 아담은 죽어야 할 존재로 지음받아 죄를 짓든 짓지 않든 죽게 되어 있었으며(아담의 죄는 그에게만 해를 끼쳤을 뿐 인류에게 해를 끼치지 않았다), 유아는 출생할 때 아담이 범죄하기 전 상태에 있으며(온 인류는 아담의 죽음 때문에, 혹은 잘못 때문에 죽지 않으며 그리스도의 부활 때문에 부활하지도 않을 것이다), 율법은 복음처럼 사람을 하늘나라에 들어가게 하며(우리 주님이 강림하시기 전에도 죄 없는 사람이 있었다), 사람은 죄가 없을 수 있으며, 하고자 하면 하나님의 명령을 쉽게 지킬 수 있다고 했다.[2]

펠라기우스주의자들은 원죄 교리를 명백하게 부인했다. 그들은 은혜의 유효성을 부인하지 않았지만 은혜가 죄 없는 생활을 달성하거나 하늘나라에 들어가는 데 반드시 필요한 것은 아니라고 주장했다. 즉 은혜는 의의 성취를 돕지만, 은혜가 없어도 의에 이를 수 있다고 했다.

펠라기우스주의는 418년 카르타고 종교 회의와 431년 에베소 공의회에서 정죄당했다. 하르낙은 펠라기우스주의에 정면으로 맞서는 아우구스티누스의 입장을 이렇게 요약한다.

경험으로 알 수 있듯 인간은 "죄덩어리"(massa peccati [perditionis])로 옆에 죽음이 대령해 있고 스스로 선에 이를 수 없다. 텅 빈 그릇이 스스로 다시 채워질 수 없듯 하나님께 반발한 인간은 스스로 돌이킬 수 없기 때문이다. … 그리스도는 죽음으로 하나님과 인간 사이의 심연을 제거하셨고 마귀의 통치를 깨뜨리셨다. **그리스도를 통한 은혜**(gratia per[propter] Christum)이기도 한 하나님의 은혜만이 그 일을 할 수 있다. 교회 안에 역사하는 이 **값없이 주시는 은혜**(gratia gratis data)는 처음이고 중간이며 마지막이다.[3)]

표 7.1 펠라기우스주의를 다룬 공의회

카르타고 종교 회의	418년	펠라기우스주의를 정죄함
에베소 공의회	431년	펠라기우스주의를 정죄함
오랑쥬교회 회의	529년	반(半)펠라기우스주의를 정죄함
발랑스 종교 회의	855년	
트렌트 공의회	1545-63년	

펠라기우스 논쟁은 구원을 위한 은혜의 필요성이라는 쟁점을 해결했다. 해결되지 않은 것은 은혜가 필요한 정도와 은혜의 완전한 유효성에 관한 문제였다.

로마 가톨릭 신학에서 은혜 개념은 수세기를 거치며 발전했다.

성 토마스 아퀴나스는 『신학대전』(Summa theologica)에서 이 문제를 다루었다. 그리고 하나님의 은혜에 대한 열 가지 질문을 나열하며[4] 다음과 같이 주장했다.

1. 사람이 어떤 진리를 알고자 할 때는 그의 지성이 하나님에 의하여 제대로 작용되도록 하나님의 도우심이 필요하다.
2. 인간의 본성이 어떤 선을 행하거나 의도하려면 하나님의 도우심이 필요하다.
3. 순수한 자연 상태에서 인간은 무엇보다 하나님을 사랑하도록 그를 움직이는 하나님의 도우심이 필요했지만, 하나님을 사랑하기 위하여 자신의 자연적 능력에 은혜의 선물이 덧붙어야 할 필요는 없었다. 그러나 부패한 상태를 치유받으려면 은혜의 도우심이 필요하다.
4. 부패한 본성에서 인간은 치유하는 은혜 없이 하나님의 모든 명령을 이룰 수 없다.
5. 사람은 은혜 없이 영생을 얻을 만한 공로를 이룰 수 없다.
6. 사람은 은혜의 도움 없이 은혜 받을 준비를 할 수 없다.
7. 사람은 은혜의 도움 없이 스스로 죄에서 벗어날 수 없다.
8. 사람은 종종 개별적으로 행해지는 죄악을 피할 수 있지만, 은혜 없이는 그 모든 행위를 피할 수 없다.

9. 우리에게 하나님의 도우심이 더 이상 필요 없다고 생각하게 하는 습관적 은혜의 선물은 주어지지 않는다. 모든 피조물은 하나님께 받는 선으로 하나님에 의하여 보존되기 때문이다.
10. 은혜 안에 있는 사람이라도 하나님께서 주시는 인내가 필요하다.

아퀴나스는 은혜 받아야 할 인간의 필요에 관하여 열 가지 중요한 질문에 답한 다음, 하나님의 은혜의 본질을 서술한다. "일상 언어에서 은혜라는 단어의 세 가지 뜻이 있다. 첫 번째, 이 말은 어떤 군인이 왕의 호의를 받는다고 말할 때, 즉 왕이 그를 마음에 좋게 여긴다고 말할 때와 같이 누군가의 사랑을 뜻한다. 두 번째, 이 말은 '당신에게 이 선물을 드립니다.'라고 말할 때처럼 거저 주는 선물을 뜻한다. 세 번째, 이것은 받은 유익에 대하여 감사할 때처럼 거저 주는 선물에 대한 반응을 뜻한다."[5]

그런 다음 아퀴나스는 아우구스티누스와 의견을 같이하여 "은혜라는 말은 특히 죄의 면제를 뜻한다"고 공언한다.

아퀴나스는 특별한 의미로 은혜가 영혼에 내재할 것이라고 주장한다. 즉 은혜는 신자의 영혼에 존재한다는 것이다.

하나님의 은혜 사역에 관한 로마 가톨릭과 종교개혁의 논쟁의 핵심은 은혜의 유효성이었다. 그렇다면 은혜는 불가항력적이며 스스로 유효한 것인가, 아니면 저항 가능하며 인간의 협력에 의존하는가?

아퀴나스는 **작용적**(operative) 은혜와 **협력적**(cooperative) 은혜를 구별한다. "특정 결과의 일부로서의 작용은 시동자에게 귀속될 뿐 피동적 사물에 귀속되지 않는다. 즉 하나님이 유일한 시동자이시며 지성이 시동자가 아닐 때, 작용은 하나님께 귀속된다. 때문에 우리는 '작용적 은혜'를 말하지만 영혼이 움직일 뿐 아니라 시동자일 때 작용은 하나님과 영혼에 귀속된다. 따라서 우리는 '협력적 은혜'를 말한다."[6]

표 7.2 토마스 아퀴나스의 은혜 분석

작용적 은혜	하나님은 인간의 의지를 움직여 선을 바라게 하신다.
협력적 은혜	하나님은 인간의 의지를 움직여 선을 바라게 하시며 인간의 의지도 선을 바란다.
선행적 은혜	하나님은 인간의 영혼을 치유하신다.
후속적 은혜	하나님은 인간의 영혼을 치유하시며 인간의 영혼도 선을 바란다.

아퀴나스는 하나님이 전에 악을 바랐던 인간의 의지를 움직여 선을 행하게 하신다고 주장한다. 그리고 아우구스티누스의 말을 인용하면서 다음과 같이 이야기한다. "그는 우리가 선을 바라도록 작용하시며, 우리가 선을 바랄 때 더욱 완전하게 하시려고 우리와 협력하신다."

또한 그는 **선행적 은혜**(prevenient grace)와 **후속적 은혜**(subsequent grace)를 구별한다.

"은혜가 그 상이한 결과 때문에 작용적 은혜와 협력적 은혜로 나누어지듯이 동일한 근거로 선행적 은혜와 후속적 은혜로 나뉜다. 우리에게는 은혜의 다섯 가지 결과가 있다. 첫째는 영혼이 치유받는 것이고, 둘째는 영혼이 선한 것을 바라는 것이고, 셋째는 영혼이 바라는 것을 수행하는 것이고, 넷째는 영혼이 선 가운데 인내하는 것이고, 다섯째는 영혼이 영광에 도달하는 것이다. 은혜가 우리 안에서 첫 번째 결과를 일으키므로, 두 번째 결과와 관련하여 선행적이라 일컬어진다."[7]

선행적 은혜의 본질과 유효성에 관한 문제는 종교개혁 시대의 큰 쟁점이었다. 양측 모두 은혜의 사역이 "칭의 이전에 온다"고 주장했다.

중생은 타락한 사람이 믿음을 발휘하는 데 필요하다. 즉 믿음은 신자가 발휘하는 것이지 중생하지 않은 사람이 발휘하는 것이 아니다. 따라서 중생의 은혜는 믿음 이전에 오거나 믿음보다 선행해야 한다. 양측은 이런 선행적 은혜가 필요하다는 데 동의했다. 쟁점은 은혜의 **유효성**이었다. 아퀴나스는 아우구스티누스처럼 이 은혜가 협력적이라기보다 작용적이라고 지적하면서 펠라기우스주의와 529년 오랑쥬교회 회의에서 정죄된 반(半)펠라기우스주의를 부인했던 것으로 보인다.

트렌트 공의회와 반펠라기우스주의

적어도 종교개혁자들에게는 트렌트 공의회가 반(半)펠라기우스주의적 입장으로 후퇴한 것처럼 보였다. 반펠라기우스주의는 인간의 의지가 타락으로 약해졌지만 여전히 은혜를 향하여 나아갈 수 있는 영적 능력이 있다고 본다. 다음 견해는 제6차 트렌트 공의회 문서 5조에 설명된 것이다.

인간에게 칭의의 출발은 예수 그리스도로 말미암은 하나님의 미리 조치하시는(predisposing) 은혜로부터, 즉 그들이 아무 공로가 없어도 부르심을 받게 하는 하나님의 초청에 응해야 하며, 죄로 인해 하나님으로부터 끊어진 자들은 생명을 주고 돕는 은혜로 말미암아 그 은혜에 자유롭게 동의하고 그 은혜와 협력함으로써 자신의 의로 돌이킬 수 있다. 그러므로 하나님이 성령의 조명으로 사람의 마음에 영향을 주시지만, 인간은 그 영감을 받는 동안에도 그것을 거부할 수 있으므로 하나님의 은혜 없이 자신의 자유 의지로는 하나님 보시기에 공의를 행할 수 없다.[8]

여기서 로마 가톨릭은 타락한 사람이 회개할 수 없고 은혜의 도움 없이 하나님 보시기에 공의를 행할 수도 없다는 것을 명백히 하며 다시금 펠라기우스주의를 부인한다.

하지만 미리 조치하시는 은혜는 부인할 수 있는 것이다. 이 은혜 자체로는 유효하지 않다. 이 은혜의 유효성은 타락한 사람의 동의와 협력에 의존한다. 이 말은 오랑쥬교회 회의에서 정죄받은 반펠라기우스주의와 매우 비슷하다. 일찍이 원죄를 다룬 제5차 트렌트 공의회는 오랑쥬 교령의 몇 가지 측면을 확언했다.

로마 가톨릭은 오랑쥬교회 회의에서 반펠라기우스주의를 정죄하고 트렌트 공의회에서 이것을 새롭게 받아들인다는 비난을 거듭 받아왔다. 헤르만 바빙크(Herman Bavinck)는 "반펠라기우스주의가 로마 가톨릭에게 정죄받았지만 '완곡한 방식'으로 다시 나타났다"[9]고 주장했다. 그리고 벌카우어는 다음과 같이 언급했다.

오랑쥬와 트렌트 공의회 사이에는 선행의 공로성 교리에 관한 자세한 설명과 로마 가톨릭의 고해 제도와 더불어 이루어진 긴 발전 과정, 즉 스콜라주의가 있다. … 트렌트 공의회에서 로마 가톨릭 상황은 529년 반펠라기우스주의가 은혜를 "약하게 한다"는 비난을 받았을 때보다 더 복잡해졌다. … 트렌트 공의회는 오랑쥬교회 회의 교령을 훼손시키지 않으면서 종교개혁자들의 공격을 물리쳐야 했다. … 종교개혁자들의 **솔라 피데**로 돌아가지 않고 **선행적 은혜**를 가르쳐야 했다. 때문에 오랑쥬교회 회의 내용, 특히 칭의에 관한 교령과 관련한 내용이 트렌트 공의회에서 재등장했다.[10]

트렌트 공의회는 반펠라기우스주의와 종교개혁 사상 사이에서 아슬아슬한 길을 헤쳐 나가려 했지만 그 면도칼에 스스로 베일 소지가 있었다. 문제는 인간의 약화되고 타락한 의지의 남은 능력이었다.

로마 가톨릭은 인간의 의지가 반펠라기우스주의가 허용했던 것보다 더 약하지만 종교개혁자들이 주장했던 것만큼은 아니라고 주장하려 했다.

벌카우어는 이렇게 결론 내린다. "트렌트 공의회는 오랑쥬교회 회의처럼 은혜에 대한 위협에 관심이 없지만 의지의 본성적 자유에는 관심을 갖는다. 의지의 본성적 자유는 죄로 약화된 것이 사실이지만(오랑쥬, 발랑스, 트렌트 공의회) 완전히 사라지지는 않았다."[11]

이 쟁점은 존 칼빈의 저술뿐 아니라 마르틴 루터가 **의지의 속박**에 대해 에라스무스와 벌인 논쟁에서도 다루어졌다.

벌카우어는 칼빈에 관하여 이렇게 밝힌다. "칼빈이 자유 의지 개념과 싸우는 이유는 매우 분명하다. 그는 인간의 자유가 '제한' 때문에 말소될 것이라는 운명론적 고려 때문에 그러는 것이 아니다. 반대로 그가 인간이 자유 의지를 가졌다고 말한 뜻은 자유 의지가 탁월함을 시인하는 것이다. 이는 인간이 선이나 악을 택할 자유가 있다는 뜻에서가 아니라, 인간이 자기 의지에 따라 악을 행하며 아무 제한을 받지 않는다는 뜻에서 그러하다."[12]

종교개혁과 아우구스티누스의 노예적 의지 견해를 피하기 위하여 로마 가톨릭은 선행적 은혜에 동의하고 협력할 수 있는 타락한 인간의 능력에 대해 말한다. 이 은혜는 죄인의 반응 없이는 유효하지 않다. 개정된 **가톨릭**

교회 교리 문답이 밝히듯 "하나님의 자유로운 주도권은 인간의 자유로운 반응을 요구한다. 왜냐하면 하나님은 인간에게 하나님을 알고 사랑할 수 있는 능력을 자유와 함께 주심으로써 인간을 자신의 형상으로 창조하셨기 때문이다."[13]

오랑쥬교회 회의에서 취한 로마 가톨릭의 견해와 후대의 결정 사이의 혼동은 17세기 몰리나주의(Molinist) 논쟁에서 확대되었다.[14]

칼빈은 트렌트 공의회가 사실상 아우구스티누스의 **솔라 그라티아** 교리를 부인했다고 주장했다.

아우구스티누스가 "인간은 하나님에 관하여 자신에게 주어지지 않은 어떤 선한 것을 자신의 의지로 발견하기 위해 노력한다. 인간은 자신이 알지 못하는 것을 발견할 수 있는가?" 말함으로써 전한 교리가 바로 이것 아닌가. … 참으로 그가 말하는 것처럼 "하나님이 인간으로 하여금 자발적으로 아주 많고 큰 시험을 택하게 하시는 것은 아니지만, 만약 인간이 스스로 택할 경우 하나님의 도움 받는 일을 인간 자신의 의지에 맡겨 놓는다면 그 의지는 자신의 연약함 때문에 굴복하게 될 것이다. 그러므로 연약한 인간의 의지는 불가항력적이며 불가분리적으로 활동하는 하나님 은혜의 도움을 받아, 비록 약하긴 해도 넘어지지 않을 것이다."[15]

후에 칼빈은 다시 아우구스티누스의 말을 인용한다. "성령의 역사는 극히 유효하여 언제나 믿음을 낳는다."[16]

그러므로 우리는 트렌트 공의회의 **솔라 그라티아**가 아우구스티누스와 종교개혁자들이 확언한 **솔라 그라티아**와 다르다는 것을 알게 된다.

공로의 보고

은혜가 종교개혁 시대의 주된 관심사라면 공로는 더욱 그렇다.

스콜라주의 시대에는 공로의 구체적인 종류에 대한 상세한 구분이 발전했다. 로마 가톨릭은 공로를 몇 가지로 이야기했으며 **적정공로**(適正功勞, meritum de condigno)와 **재량공로**(裁量功勞, meritum de congruo)를 구별했다.[17] 게다가 로마 가톨릭은 그리스도의 공로와 마리아와 성인(聖人)의 여분의 공로에서 생기는 공로의 보고에 대해서도 말했다.

공로 개념은 고해성사와 밀접한 관계가 있었기 때문에 대사 논쟁은 주로 이 개념에 쏠려 있었다.

가톨릭교회 교리 문답은 고해성사를 설명하면서 다음과 같이 선언한다. "그리스도 안에서 대사의 교리와 관행은 고해성사의 효과와 밀접한 관계가 있다."[18]

그리고 로마 가톨릭은 대사를 이렇게 규정한다.

대사는 죄책을 이미 용서받은 죄에 대한 일시적 형벌을 하나님 앞에서 면제받는 것이다. 그래서 적절한 준비를 갖춘 신실한 그리스도인은 구속의 사역자로서 그리스도와 성인의 보속의 보고를 분배하고 권위 있게 적용하는 교회의 행위로 말미암아 규정된 특정 조건에서 유익을 얻는다. "대사는 죄로 인한 일시적 형벌의 일부, 혹은 전부를 제거하는 것에 따라 부분적이거나 전체적이다." 대사는 산 자와 죽은 자 모두에게 적용될 수 있다.[19]

로마 가톨릭은 죄가 영원한 형벌과 일시적 형벌이라는 '이중 결과'를 갖고 있다고 선언한다. 용서는 영원한 형벌의 면제를 포함하지만 일시적 형벌은 남는다. "모든 죄는 심지어 가벼운 죄라도 피조물에게 딸린 불건전한 부속물이다. 이것은 반드시 이 세상에서 정화되거나 죽은 후 연옥이라는 곳에서 정화되어야 한다."[20]

자비는 하늘의 신실한 자와 '연옥에서 자신의 죄를 속죄하고 있는' 자들을 연결시킨다. 로마 가톨릭은 "성도가 교통하는 이 영적인 선(goods)을 **교회의 보고**(寶庫)"[21]라 부른다.

이 보고는 그리스도의 공로에 근거하여 무한한 가치를 갖는다. 이상한 것은 그리스도의 공로의 무한한 가치가 마리아와 성인의 공로로 **증가**된다는 점이다.

이 보고는 복되신 성모 마리아의 기도와 선행을 포함한다. 이것들은 참으로 무한하고 측량할 수 없으며 하나님 앞에서 그 가치가 시원적(始原的)이기까지 하다. 이 보고에는 모든 성인의 기도와 선행도 포함된다. 그들 모두 그리스도이신 주님의 발자취를 따랐고, 그의 은혜로 거룩한 생활을 하며, 성부께서 맡기신 사명을 수행했다. 이렇게 하여 그들은 구원을 얻었으며, 신비한 육체의 연합으로 자기 형제들을 구원하는 데 협력했다.[22]

대사 논쟁은 그리스도의 공로의 충분성에 초점을 두었다. 종교개혁자들은 그리스도의 구속 사역을 소극적 측면과 적극적 측면에서 전적으로 충분하다고 보았다.

속죄는 형벌을 내리시는 하나님의 공의의 요구를 완전하게 만족시키며 신자의 죄 역시 완전하게 속한다. 그리스도의 희생의 가치는 하나님 앞에서 우리의 잘못에 관한 하나님의 모든 소극적 심판을 만족시킨다.

적극적인 면에서 그리스도의 완전하고 능동적인 순종은 신자를 구원하는 데 필요한 모든 공로를 획득하면서 모든 의를 성취한다. 그리스도의 속죄나 의의 가치나 공로를 증대시키기 위하여 덧붙일 수 있는 것은 아무것도 없다.

고해성사와 공로의 보고 교리는 그리스도의 구원사역의 충분성에 무거운 그림자를 드리운다. 이 교리에 따르면 마리아와 성인의 기도와 선행이 그리스도의 공로에 덧붙는다.

넓은 의미에서 성인은 다른 사람의 구속에 이바지한다. 그리스도께서 성취하신 속죄는 적어도 일시적 죄책을 보속하기 위한 연옥에서의 속죄 행위로 증대되는 것이 틀림없다.

보속 행위

고해성사는 고해자에게 보속 행위(works of satisfaction)를 요구하며, 이 보속 행위는 칭의의 두 번째 지지물을 위해 필요하다. 트렌트 공의회는 "고해자의 행위, 즉 통회와 고백과 보속은 성사의 구성요소다. 이 통회와 고백과 보속은 하나님께서 제정하신 것으로 성사의 완전함을 위하여, 그리고 죄의 충만하고 완전한 면제를 위하여 고해자에게 요구되는 한, 고해의 일부라고 할 수 있다"[23]고 선언했다.

보속 행위는 고해를 통한 칭의에 필요하다. "거룩한 공의회는 '주께서 죄책을 해결하시려면 반드시 모든 형벌을 해결해야 한다'는 것이 절대적으로 그릇되며 하나님의 말씀에 모순된다고 선언한다."[24]

트렌트 공의회는 성경과 '거룩한 전통'에 지지를 호소한다. 로마 가톨릭은 보속 행위가 왜 필요한지에 대해 다음과 같이 설명한다.

> 우리가 기회를 잡아 죄를 사소하게 여기고 성령을 욕되게 하여(히 10:29) 더 심각한 죄에 빠지지 않도록 보속을 통해 우리의 죄를 용서하시는 것은 하나님의 관용과 일치한다. … 의심할 나위 없이 이 보속은 죄를 크게 제한하며, 마치 죄가 사소한 것인 양 여기고 있는지 점검하고, 고해자가 장차 더욱 조심하고 주의하게 하기 때문이다. 또한 이 보속은 남은 죄를 제거하고 악한 생활 때문에 얻은 습관을 정반대의 덕스러운 행위로 파괴한다.[25]

여기서는 보속 행위의 목회적, 실제적 유익이 강조된다. 보속 행위는 성화 과정에서 신자를 돕도록 되어 있다.

그러나 여기에 미묘한 문제가 있다. 왜냐하면 종교개혁자들도 최소한 한 가지 측면에서 회개의 열매를 거두라고 요구했기 때문이다. 가령 사람이 다른 사람의 돈을 훔친 뒤 그 죄를 회개할 경우, 그의 회개가 참된 통회로 인한 것이라면 하나님의 용서를 얻는다. 하지만 그것으로 끝나지 않고 고해자는 도둑질에 대한 손해 배상을 해주어야 한다. 즉 고해자는 "하나님이 내 죄를 사해주셨으니 훔친 돈을 내가 가져도 된다"고 말하지 않을 것이다.

가능한 한 기꺼이 손해를 배상하려는 마음은 참된 참회의 열매이자 필수적인 열매다. 이와 같이 자원하는 태도 없이 회개하는 사람은 **하등통회**(attrition, 형벌에 대한 두려움에서 생긴 회개)를 보일 뿐, **경건한 통회**(contrition, 죄에서 돌이키려는 결심을 하고, 하나님께 죄를 범한 것에 대하여 갖는 경건한 슬픔)가 두드러지는 참된 회개를 보이지 않는다.

통회 없는 회개는 진정한 회개가 아니다. 하지만 미묘하게도 참된 회개가 자의적으로 보상하려는 태도를 동반하지만 보상 전에 이미 용서를 가져다준다. 보상은 사람의 빚을 갚으라는 하나님의 명령을 '만족시키지만' 하나님 앞에서 우리의 칭의의 근거는 아니다. 오직 우리를 대신한 그리스도의 사역만이 칭의의 근거가 될 수 있다.

로마 가톨릭은 고해자의 보속 행위가 그리스도의 은혜를 힘입어 이루어진다고 한다. "우리가 우리 죄를 위하여 행하는 보속은 그리스도 예수로 말미암지 않으면 우리의 것이 아니다. 스스로 아무것도 할 수 없는 우리는 우리를 강건하게 하시는 그분의 협력으로 모든 일을 할 수 있기 때문이다"(고후 3:5; 빌 4:13 참조).[26]

로마 가톨릭은 펠라기우스주의적 의미에서 조잡한 형태의 자기 의나 자기 칭의를 추구하지 않으려 한다. 죄인의 보속 행위조차 죄인 혼자서 하는 것이 아니라 그리스도의 주입된 은혜와 협력하여 이루어진다. 하지만 진정으로 보속을 낳는 것은 이 신인(神人) 협력적 사역이다. "그들이 부과하는 보속은 … 새 삶의 보호와 결점 치료를 위한 것일 뿐 아니라 과거의 죄에 대한 속죄와 형벌을 위한 것이다. 왜냐하면 초기 교부들은 사제의 열쇠가 푸는 것뿐 아니라 매기 위하여(마 16:19; 요 20:23) 수여되었다고 믿고 가르쳤기 때문이다."[27]

고해성사가 타락한 사람을 칭의 상태로 회복시키려는 것임을 기억하라. 이런 회복을 위해 죄인은 그리스도께서 주시는 보속과 속죄 외에 다른 보속과 속죄를 해야 한다. 이 보속 행위는 그리스도의 은혜를 힘입지만 칭의를 위한 필수 조건이다. 완전한 칭의는 그리스도께서 이루신 보속 및 그리스도와 협력하는 죄인의 보속 행위에 근거한다. 그러므로 여기서 칭의는 확실히 신인 협력적 사역이다.

그리스도의 공로와 보속

로마 가톨릭은 이 점에서 개신교도의 '항거'를 예상한다. "가톨릭교도 중 우리의 보속으로 말미암아 우리 주 예수 그리스도의 공로와 보속의 유효성이 흐려지거나 감소된다고 이해한 사람은 없다. 그러나 혁신자들은 그렇게 이해하려 하며, 보속의 유효성과 용도를 파괴하기 위해 새로운 삶이 최고의 고해라고 가르친다."[28]

여기서 트렌트 공의회는 로마 가톨릭이 그리스도의 공로와 보속의 유효성을 '흐리거나' '감소시키고자' 하는 게 아니라는 요지를 자세히 설명한다. 그러나 이런 말을 한다고 해서 정말 그렇게 되는 것은 아니다. 로마 가톨릭의 교리가 홀로 우리를 의롭게 하는 그리스도의 공로와 보속을 손상시킨다는 결론 외에 또 다른 결론에 도달할 수 있는가?

칼빈은 이런 보속관 때문에 마음이 몹시 괴로웠다.

> 나는 두 가지를 아는 것으로 충분하다. 첫째, 그들은 회개를 성경이 우리에게 권하는 것과 전혀 다른 것으로 만든다. 둘째, 그들은 죄 사함을 얻는 조건을 제정한다. 죄 사하는 능력을 홀로 가지시는 분이 우리를 자유롭게 하려고 하셨던 그 죄 말이다. … 그들만의 의무를 지운 규칙에 우리가 순종하는 조건이 아니라면, 그들은 그분이 우리의 죄를 용서하시도록 허용하지 않는다.[29]

아마도 종교개혁자들에게 가장 괴로운 것은 고해성사의 일부로 행하는 보속 행위가 어떤 공로, 즉 재량공로를 갖고 있다는 개념이었을 것이다. **재량공로**라 일컫는 것은 획득한 공로가 비록 적정 수준에 도달하지 못할지라도, 하나님이 그것을 보상하시는 것을 '적합하고 어울리게' 만들기에는 충분할 정도의 공로이기 때문이다. 적정공로는 상급을 위한 법적 의무를 부가하는 반면 재량공로는 그렇게 하지 않는다. 그러나 하나님께서 재량공로에 상급을 주지 않으신다면 그것은 그가 적합하지 않거나 어울리지 않는 방식으로 행동하기 때문일 것이다. 도널드 블레쉬는 이렇게 지적한다.

종교개혁자들은 죄악된 인간이 언제나 은혜의 도움을 받음에도 불구하고 칭의로 가는 길을 준비할 수 있다는 가톨릭 개념에 강력하게 이의를 제기했다. 후대 중세 신학은 선행하는 은혜를 떠나 넓은 의미로 해당되지만 고해가 칭의의 은혜를 얻을 만한 공로를 이룰 수 있다고 가르친다. 오캄의 윌리엄(William of Ockham)과 가브리엘 비엘(Gabriel Biel)은 재량공로에 대해 말했는데, 진심으로 이 공로가 이루어지고 우리가 우리 안에 있는 것을 행하는 한 하나님의 호의를 받을 수 있다는 뜻을 내포했다. 엄격한 의미에서 공로, 즉 하나님의 호의를 마땅히 받을 만한 적정공로도 하나님의 도우시는 은혜와 독립적으로 가능한 것은 아니다. 트렌트 공의회는 칭의 은혜 이전에 행위가 은혜를 받을 만한 공로를 가질 수 없고, 칭의 은혜 이후에 우리가 은혜와의 협력으로 최종적 칭의(영생)를 얻을 만한 공로를 가질 수 있다고 주장했다. 개신교 종교개혁은 어떤 그리스도인이라도 하나님의 호의를 얻을 만한 공로를 가질 수 없다고 주장함으로써 이와 같은 율법주의적 구도 전체에 이의를 제기했다.[30]

블레쉬가 "율법주의적 구도"라고 부르는 것을 종교개혁자들은 신앙의 전체 **체계**로 보았다. '공로−은혜'의 쟁점은 전문 신학자들 간의 현학적 싸움이 아니라 상반되는 체계의 전쟁이었다.

블레쉬는 칼빈이 표현한 정서에 공감한다. "간략하게 말해서 그리스도의 이름은 모든 공로와 사람이 스스로 갖는 모든 것을 배제한다. 우리가 그리스도 안에서 택하심을 입었다는 그분의 말씀으로 인해 우리 스스로는 가치 없는 존재라는 결론이 나오기 때문이다."[31]

로마 가톨릭의 공로와 은혜에 대한 견해는 해결되지 않은 역설을 담고 있다. 그들은 한편으로 공로에 대한 언급을 주장하는 반면, 다른 한편으로는 이 공로가 은혜에 뿌리박고 있다고 주장한다. 독일인들은 이 역설을 '**은혜로운 공로**'(Gnadenlohn)라고 표현했다.

이 개념은 성 아우구스티누스의 교훈에 뿌리를 둔다. 그는 신약이 하늘로부터 신자에게 주어지는 '상급'을 말한다는 것을 알았다. 이 상급은 우리 행위에 '따라' 나누어진다. 그렇다면 "…에 따라"라는 말은 무슨 뜻인가? 이는 우리의 행위가 적정하게, 혹은 자유재량에 근거하여 상급을 받을 자격이나 공로가 있다는 뜻인가, 아니면 다른 것을 뜻하는가?

아우구스티누스는 "하나님께서 자신의 선물로 관 씌우심"을 말했다. 종교개혁자들은 이것을 하나님이 우리 행위에 따라 상급을 나눠주시지만 그것은 은혜로운 배분이며 우리 행위에 내재하는 공로에 근거한 것이 아니라는 뜻으로 이해했다. 제임스 뷰캐넌은 이렇게 말한다. "아우구스티누스는 모든 라틴 교부들처럼 **공로**라는 용어를 엄밀하게 법적, 도덕적 공적으로 지칭한 것이 아니라 단순히 어떤 복을 얻는 수단, '빚이 아니라 은혜로' 상급을 받을 수 있는 행위라는 뜻으로 사용했다."[32]

아우구스티누스는 죄인의 그 어떤 최선의 행위도 여전히 죄로 오염되어 있으므로 '찬란한 악덕'(splendid vices)에 불과하다고 주장했다. 찬란한 악덕은 도덕적으로 참된 덕과 동등하지 않으며, 그 자체로 하나님께 상급을 요구할 도덕적, 법적 주장을 내세울 수 없다. 은혜의 상태에서도 우리는 무익한 종이다.

인간의 공로를 거부함

일상적인 언어에서 **공로**는 보통 은혜와 구별된다. 즉 둘은 상극의 반대말이다. 따라서 이것을 어떤 문맥에서 역설적으로 결합하여 '은혜로운 공로'라는 개념을 만드는 것은 모순된 말처럼 들린다.

신약은 은혜와 채무를 뚜렷하게 구별한다. 종교개혁자들도 이 구분을 분명히 하는 데 온갖 노력을 쏟았다.

그러나 로마 가톨릭은 공로가 은혜에 뿌리를 내리거나 터를 둔다는 것을 보여주려 했다.

개정된 **가톨릭교회 교리 문답**은 이렇게 말한다.

하나님 편에서는 사람이 어떤 공로를 내세울 엄밀한 권리가 없다. … 그리스도인의 삶에서 하나님 앞에 (내세울) 사람의 공로는 **하나님이 그를 은혜 사역에 연합시키기로 자유롭게 선택하셨다는 사실**에서 비롯된다. 이와 같은 하나님의 부성적 행위는 먼저 하나님의 주도권으로 시작되며 하나님의 협력으로 인한 인간의 자유로운 행동으로 이어진다. 그래서 선행의 공로는 먼저 하나님의 은혜에, 그 다음 신실한 자에게 귀속될 수 있다. 더욱이 사람의 공로는 그 자체가 하나님 때문이다. 그의 선한 행위는 그리스도 안에서 성령님이 주신 성향과 도움에서 비롯되기 때문이다.[33]

인간의 공로는 실재하며 유효하다. 하지만 은혜를 통하지 않고는 그런 공로를 가질 수 없다. 신자의 공로는 그리스도의 선행적이며 주도적인 은혜에 달려 있다. 이 은혜와의 협력이 실제적인 공로를 낳는다.

로마 가톨릭은 은혜가 인간의 공로를 가능케 한다고 이야기한다. 반면 종교개혁자들은 은혜가 그런 공로를 불가능하게 만든다고 주장한다. 그러므로 우리가 은혜로 어떤 일을 한다 해도 공로를 말하는 것은 심각하게 잘못된 것이다.

로마 가톨릭과 종교개혁자들은 우리의 칭의의 **궁극적인** 공로의 근거가 그리스도의 공로에 있지 우리와 직접 관련된 근거에 있지 않다는 데 동의했다. 이를 칭의의 **객관적 근거**라고 부를 수 있다. 그렇다면 죄인은 그리스도의 객관적 공로를 어떻게 획득하는가? 종교개혁자들은 그리스도의 공로와 그분의 구원사역의 유익이 오직 믿음으로 죄인에게 값없이 적용된다고 주장했다. 반면 로마 가톨릭은 죄인이 그리스도로부터 의롭다 하심을 얻기 위하여 재량공로를 얻게 하는 필수적인 보속 행위를 해야 한다고 이야기한다. 다시 말해 이는 죄인이 그리스도의 공로를 얻을 만한 공로를 가져야 한다는 뜻이다. 로마 가톨릭의 구원은 그리스도의 공로로 말미암아 신자의 공로 위에서 성취된다.

다시금 로마 가톨릭은 이 은혜로운 공로가 명백하게 인간의 공로가 된다고 선언한다. "자녀로서의 입양은 은혜로 우리를 하나님의 본성에 참여하는 자가 되게 할 뿐 아니라 그분이 값없이 베푸시는 공의의 결과로 우리에게 참된 공로를 줄 수 있다. … 우리의 선행의 공로는 하나님의 선하심의 선물이다. … '우리의 공로는 하나님의 선물이다.'"[34]

여기서 **교리 문답**은 트렌트 공의회, 특히 제6차 공의회 문서 15조에 호소한다. 토마스 아퀴나스는 '은혜로운 공로'를 다음과 같이 설명했다.

> 한 사람의 공로적 행위는 두 가지 방식으로 고찰될 수 있다. 즉 이것이 그 사람의 자유 의지에서 나온다는 점과 성령의 은혜에서 나온다는 점이다. 하나의 공로적 행위를 그 본질 속에 있는 것으로, 그리고 한 사람의 자유 의지의 산물로 고찰하면 지극히 불평등하기 때문에 적정성(condignity)이 있을 수 없다. 하지만 재량성(congruity)은 있다. 여기에 상대적 평등이 있기 때문이다. 한 사람이 자신의 능력에 따라 활동할 경우 하나님께서 그의 뛰어난 능력에 따라 그에게 상급을 주시는 것은 적절해 보인다. 그러나 우리가 성령의 은혜로 인한 공로적 행위에 대해 말한다면, 이것은 마땅히(condignly) 영생을 얻을 만한 공로를 갖는다.[35]

다시금 우리는 여전히 실제적 공로인 '은혜로운 공로'의 개념을 본다. 가톨릭의 전통은 단순히 인간적인 공로에 근거한 조잡한 의미의 자기 의와 거리를 두려 한다.

한스 큉은 그리스도께서 바리새인의 공로적 도덕을 명백하게 비난하셨다고 주장한다. "Christus hat scharf gegen die pharisische Verdienstmoral gesprochen."[36]

종교개혁자들은 바리새인의 공로 개념과 로마 가톨릭의 공로 개념 둘 다 거부했다. 그리고 루터는 이렇게 말했다.

> 재량공로와 적정공로에 관한 스콜라주의의 주장들은 가치 없는 자료에 대한 어리석은 대중의 헛된 허구와 환상적 사변에 불과하다. 하지만 그 주장

들은 교황주의의 토대를 형성하며, 교황주의는 오늘날까지 이것에 의존한다. 모든 수사가 다음과 같이 생각하기 때문이다. "내 종단의 거룩한 규율을 준수함으로써 나는 재량공로의 은혜를 얻을 수 있다. 그러나 나는 이 은혜를 받은 후 내 행위로 아주 큰 공로를 축적하여 영생에 이를 뿐 아니라 이것을 다른 사람에게 팔거나 줄 수 있을 것이다."[37]

그는 계속해서 다음과 같이 이야기한다.

공로 같은 것은 없다. 의롭다 하심을 받는 모든 사람은 **값없이**(gratis) 의롭다 하심을 받으며, 이는 오직 하나님의 은혜 때문이다. … 그리스도만이 자신의 공로와 사역으로 다른 이를 도와 구원하실 수 있다. 다른 이의 사역은 아무에게도, 자기 자신에게도 유익을 주지 못한다. 왜냐하면 다음과 같은 말씀이 있기 때문이다. "의인은 믿음으로 말미암아 살리라"(롬 1:17). 믿음은 우리를 우리 자신의 행위가 아닌 그리스도의 행위 위에 두며, 우리를 죄의 유배에서 그분의 의의 나라로 옮긴다. 이것이 믿음이다. 이것이 복음이다. 이것이 그리스도다.[38]

칼빈은 좀 덜 거슬리는 말로 이와 동일한 정서를 분명하게 나타냈다.
"나는 **공로**라는 용어에 관하여, 누구든지 하나님의 법정에서 인간의 행위에 공로를 적용하는 사람은 믿음의 순수성에서 매우 형편없이 협의했다는 점을 전제하지 않을 수 없다. … 행위의 가치가 다른 용어로, 그리고 거슬리지 않게 충분히 표현될 수 있었다면 공로라는 용어를 왜 도입했겠는가?"[39]

요약하자면 종교개혁자들은 오직 그리스도의 공로 외에 우리의 칭의에 어떤 공로라도 귀속시키는 것을 줄기차게 반대했다.

다시금 우리는 종교개혁의 **솔라 그라티아**가 어떤 유형의 인간적 공로도 섞이지 않은, 참으로 유일한 것임을 알게 된다. 칭의는 오직 그리스도의 전가된 공로에 의한 것이므로 **솔라 피데**는 칭의가 오직 믿음에 의한 것임을 뜻했다.

8

Faith
Alone

우리는 선행 없는 믿음이나 선행 없이 존재할 수 있는 칭의를 꿈꾸지 않는다. … 믿음과 행위가 필연적으로 연관되는 것은 인정하지만, 그렇다 해도 칭의를 믿음에 두지 행위에 두지 않는다. _ 존 칼빈

믿음과 행위

칭의에 관한 논쟁은 종종 개혁파의 입장을 '믿음에 의한 칭의'로 특징짓고, 로마 가톨릭의 입장을 '행위에 의한 칭의'로 특징짓는 조잡한 풍자 때문에 곤란을 겪곤 한다. 다시 말해 일반적인 견해는 로마 가톨릭이 믿음에 관심이 없고 종교개혁자들은 행위에 관심이 없다고 결정지으려 한다.

하지만 '공로-은혜' 논쟁에서 보았듯이 이처럼 간단한 말로 표명된 특징화는 그릇된 딜레마를 표현한다. 우리는 이미 로마 가톨릭이 믿음에 중요하고 참으로 필수적인 위치를 부여하며, 종교개혁자들은 행위의 열매가 구원 얻는 믿음에 필연적이고 불가피하며 즉각적으로 맺힌다고 주장하는 것을 살펴보았다. 마르틴 루터 역시 **살아있는 믿음**(fides viva)은 반드시 행위의 열매를 동반한다고 주장했다.

이와 같이 칭의는 오직 믿음에 의하지만 단독적인 믿음에 의한 것은 아니다. 즉 구원 얻는 믿음은 아무런 행위도 동반되지 않는 '외로운' 믿음이 아니다.

표 8.1 믿음과 행위

로마 가톨릭의 견해	믿음 + 행위 → 칭의
종교개혁자들의 견해	믿음 → 칭의 + 행위

존 거스너는 이 표에 묘사된 공식을 사용하여 두 견해를 구분한다. **믿음, 행위, 칭의,** 이 세 가지 용어는 두 공식에 모두 나타나지만 나오는 용어의 순서는 두 입장의 근본적인 차이를 가리킨다. 로마 가톨릭의 공식에서는 행위가 칭의를 **위한**(for) 필수 전제다. 반면 개혁파 견해에서는 행위가 칭의 **의**(of) 필연적 열매다.

행위와 칭의

개신교 신학자들 사이에서 지속적으로 일어나는 불평은 칭의에 관한 트렌트 공의회의 교회 법규와 교령이 다소 희미하다는 것이다. 이것은 자주 과녁을 벗어나고 종교개혁자들의 견해에 심각한 오해를 드러낸다.

하지만 교회 법규 24조는 이런 식의 불평을 듣지 않는다. 여기서 로마 가톨릭은 개혁파의 견해를 정확하게 정죄한다. "어떤 사람이 획득된 칭의가 선행을 통하여 하나님 앞에서 보존되거나 증가되지 않고, 이 행위가 칭의의 증가 원인이 아니라 단순히 획득된 칭의의 열매와 표시에 불과하다고 말하면 저주받을지니라."[1]

존 칼빈은 교회 법규 24조에 관하여 이렇게 말했다. "우리는 하나님께서 경건한 자의 선행에 상급을 주시며 이전 은혜에 새롭고 더 풍부한 은혜를 덧붙이신다는 것을 부인하지 않는다. 그러나 누구든지 행위가 칭의를 증가시키는 효과를 갖는다고 확언하는 자는 칭의의 의미나 그 원인을 … 이해하지 못한 것이다. 하나님께서 우리를 받아주실 때 우리를 의롭다고 보신다는 사실은 이미 입증되었다. 자신이 어떤 은혜를 받았든, 행위는 바로 이 받아주심으로부터 파생된다."[2)]

칼빈은 로마 가톨릭이 성경적 칭의 개념이나 칭의의 원인을 이해하지 못한다는 것을 트렌트 공의회의 교회 법규 24조가 입증한다고 주장한다. 단순한 이해를 떠나 양측은 칭의의 성격과 원인에 대한 배타적 견해에서 빚어지는 화해 불가능한 갈등에 사로잡혀 있다.

만일 교회 법규 24조에 관하여 로마 가톨릭이 애매한 트집을 잡는 것이 있다면 바로 이것이다.

로마 가톨릭은 행위가 (아마도 종교개혁자들에 의해) **"단지 칭의의 열매와 표시"** 로 간주된다고 말한다. 물론 종교개혁자들이 행위를 칭의의 열매와 표시로 보았지만, "단지"라는 말로 표현할 수 있을 만큼 그것을 사소하고 중요하지 않게 본 것은 아니었다.

이처럼 트렌트 공의회의 교회 법규 32조도 칭의에서 행위가 차지하는 역할에 관하여 칼빈과 종교개혁자들로부터 강력한 항의를 불러일으켰다. "어떤 사람이 의롭다 하심을 받은 자의 선행은 하나님의 선물이므로 그 행위들이 의롭다 하심을 받은 그의 선한 공로가 아니라거나, 어떤 사람(그리스도의 살아있는 지체)이 하나님의 은혜와 예수 그리스도의 공로로 말미암은 선행으로 의롭다 하심을 받았지만 참으로 은혜의 증가와 영생, 그리고 그가 은혜 안에서 죽을 경우 영생의 획득과 영광의 증가를 얻을 만한 공로를 세우지 못한다고 하면 저주받을지니라."[3)]

만일 우리가 거스너의 공식을 확장하여 이 교회 법규의 요소를 통합하면, 다음의 표와 같아질 것이다.

다시 말하지만 이 공식은 신자의 선행과 공로가 하나님의 은혜와 그리스도의 공로에 뿌리를 두지만 사람의 칭의와 칭의 원인의 필수 전제 조건이라는 것을 가리킨다.

표 8.2 트렌트 공의회가 말하는 은혜와 공로

칼빈은 교회 법규 32조에 대해 다음과 같이 대답했다.

아우구스티누스는 주기도문에서 한 유추를 도출하여 그리스도의 영이 우리 안에서 행하시는 선행이 어떤 권리로, 혹은 어떤 의미에서 우리 것으로 일컬어지는지 간략하게 가르친다. 즉 우리가 구하는 양식은 단지 그것을 우리에게 주신다는 것 외에 그것이 우리 것이라고 말할 다른 근거가 없다는 것이다. 따라서 그가 다른 데서 언급한 것처럼 누구나 자신의 공로를 잊어버릴 때까지는 그리스도의 선물을 받아들이지 않을 것이다. 그는 때때로 이런 이유를 제시한다. 즉 공로라는 것은 다름 아닌 하나님께서 값없이 주시는 선물이기 때문이다.[4]

종교개혁자들은 칭의에서 비롯되는 선행이 하나님 율법의 완벽한 요구를 충족시킬 만큼 선하지 않다고 한다. 최선의 행위라도 죄의 흔적이 남아 있기 때문에 여전히 오염되고 더럽다. 우리의 마음은 결코 완전하게 정결하지 못하며, 이 불순함은 우리의 덕목이라는 '금'에 티를 입힌다. 우리의 덕은 아우구스티누스가 선언한 것처럼 찬란한 악덕이다. 우리의 선행에 관하여 루터는 이렇게 말했다.

우리의 생래적 부패가 제지하는 힘 때문에 우리는 율법의 요구에 이르는 동기와 순수함으로 선을 행하지 못하며, 우리의 모든 힘으로 선을 행하지 못하고, 오직 육신에 대항하여 싸우는 성령의 능력으로만 선을 행할 수 있다는 것을 안다. 그러므로 하나님이 그리스도로 우리의 이 불완전함을 덮지 않으시고 그것을 우리에게 전가하시면 우리는 선을 행할 때도 죄를 짓는다. 물론 선행의 죄는 하나님의 긍휼로 말미암아 경미한 것이 된다. 우리가 믿으며 그리스도께 떠맡겨진 불완전함을 슬퍼하기 때문에 하나님은 우리에게 죄를 전가하지 않으신다.
그러므로 자신의 행위가 하나님의 심판을 받을 때 그것이 죄로 드러나는데도 그 행위 때문에 틀림없이 의로운 자로 간주될 거라고 상상하는 사람은 지극히 어리석다.[5]

다른 종교개혁자들도 공감한 이 정조(情操)는 트렌트 공의회에서 심한 공격을 받았다.

교회 법규 25조는 이렇게 선언한다. "어떤 사람이 의인은 모든 선한 행위에서도 최소한의 죄를 범한다거나 혹은 좀 더 심하게 치명적으로 범죄하므로 영원한 형벌을 받을 만하며, 또 하나님이 이 행위들을 저주에 이르도록 전가하지 않으시므로 오직 이런 이유로 정죄받지 아니한다고 하면 저주받을지니라."6)

여기서 로마 가톨릭의 저주가 종교개혁자들의 머리를 무겁게 짓누른다. 이 공격은 목표의 과녁을 정확하게 맞추었다.

칼빈은 이렇게 대답했다. "하나님의 심판대에서 완전한 사랑으로부터 하나님께로 흐르는 것 외에 참되고 선한 것은 없다. 만일 사람의 마음이 이생에서 많은 결점으로 괴로워하지 않고, 다양한 정념에 정신이 팔리지 않으며, 세상의 매력에 만족하지 않을 만큼 개혁되지 않으면, 행위는 필연적으로 그것들과 함께 어떤 흠을 지니지 않을 수 없다. 그러므로 값없이 주시는 결과의 가치를 얻지 못하고서는 죄 아닌 행위가 없다."7)

칼빈은 사죄(死罪)와 경죄(輕罪)를 구분하는 로마 가톨릭 방식을 거부했다. 한편으로 신자의 모든 죄는 치명적이다(모든 죄는 사망에 이를 만하다는 의미에서 그렇다). 다른 한편으로 칭의의 은혜를 파괴시킨다는 의미에서 신자에게 사죄는 없다.

종교개혁자들은 칭의에서 비롯되는 행위도 죄에 오염되었다고 보지만, 어느 정도 그리스도의 명령에 상응한다는 의미에서 그것을 "선행"이라고 했다.

칼빈은 이렇게 말한다.

우리는 선행 없는 믿음이나 선행 없이 존재하는 칭의를 꿈꾸지 않는다. 유일한 차이는 믿음과 행위가 필연적으로 연관된다는 것은 인정하지만, 칭의를 믿음에 두지 행위에 두지 않는다는 점이다. … 우리가 믿음으로 그리스도의 의(유일하게 우리를 하나님과 화목케 하는)를 깨닫기 때문이다. 하지만 이 믿음은 성화에 대한 이해 없이 해석될 수 없다. … 그리스도께서는 누구도 성화 없이 의롭게 하지 않으신다.[8]

칼빈은 믿음과 행위, 칭의와 성화의 참된 **연관**을 주장한다. 이것들은 서로 구별될 수 있고, 또 그래야 하지만 분리되어서는 안 된다. 그들의 연관은 필연적이다. 하나님은 사람이 그 둘을 나누지 못하게 하시려고 둘을 결합시키셨다. 행위 없는 믿음은 단순한 환상이다. 그것은 도덕적으로도 영적으로도 불가능한 일이다.

하지만 믿음에 의한 칭의라는 성경적 개념을 파악하려면 둘을 분명하게 구별해야 한다. 칼빈은 바울처럼 칭의를 믿음 안에 두었지 행위에 두지 않았다. 이는 우리를 의롭다 하는 것이 그리스도의 행위지 우리의 행위가 아니기 때문이다.

로마 가톨릭은 칭의와 성화를 연결시키되, 순서를 반대로 한다. 즉 로마 가톨릭은 칭의가 성화에 의존한다고 말한다. 그리고 종교개혁자들은 성화가 필연적인 연관으로 칭의에서 비롯된다고 한다. 칼빈은 이렇게 결론을 내린다.

그분의 성화에 참여하지 않는 자는 그분을 소유할 수 없다. 그리스도는 나누어지실 수 없기 때문이다. 주님은 우리에게 자신을 주지 않으시면서 우리가 이런 복들을 향유하게 하지 않으신다. 한 번에 두 가지를 베푸시지, 결코 하나 없이 다른 하나를 베푸시지 않는다. 그러므로 우리가 행위 없이, 행위와 상관없이 의롭다 하심을 받지 않았다는 사실이 얼마나 참된지 드러난다. 우리를 의롭다 하시는 그리스도의 관여하심에는 칭의뿐 아니라 성화도 포함되기 때문이다.[9)]

오직 믿음으로 의롭다 하심

로마 가톨릭 교회는 **솔라 피데**를 분명하게 거부할 때 특히 '**솔라**'라는 말을 반대했다. 그들은 칭의가 믿음으로 말미암지만 오직 믿음에 의한 것이 아니라고 했다.

한편으로는 신약(특히 바울의 서신)에서 칭의가 언급될 때 '**오직**'이라는 단어가 나오지 않는다고 주장했다. 다른 한편으로는 **오직** 믿음으로 의롭다 하심을 얻는다는 교리를 구체적으로 거부하는 것처럼 보이는 야고보서를 지적했다.

제6차 트렌트 공의회 문서 7장에서는 야고보서 2장 17절, 20절을 인용한다. 그리고 10장에서는 야고보서 2장 24절을 인용한다. "이로 보건대 사람이 행함으로 의롭다 하심을 받는 것이지 믿음으로만은 아니다."[10)]

첫 번째 반론(성경에 오직이라는 말이 없음)에 관하여 칼빈은 이렇게 대답했다. "독자들은 이제 우리가 오직 믿음으로 의롭다 하심을 얻는다(롬 4:2)고 할 때 오늘날의 궤변가들이 얼마나 불공정하게 우리의 교리를 트집 잡는지 그 진상을 파악할 수 있다. 그들은 성경이 그토록 자주 선언하는 것을 보고 감히 '사람이 믿음으로 의롭다 하심을 얻는다'는 것을 부인하지 않는다. 그러나

오직이라는 말이 아무 데도 명시되지 않으므로, 그 단어가 추가되는 것을 용납하지 않으려 한다."[11]

칼빈은 **오직**이라는 단어가 칭의를 설명하는 바울의 본문에 나오지 않는다는 데 동의한다. 하지만 그는 분명히 그 **개념**이 있다고 주장한다.

의가 값없이 주시는 게 아니라면 행위에 속한 것이 아니라고 주장하는 바울의 말에 어떻게 대답할 것인가? 그러므로 율법은 믿음에 참여하지 못하며, **오직**이라는 배타적인 말에 대한 그들의 반론은 근거 없을 뿐 아니라 명백히 터무니없다. 바울이 믿음과 행위를 분리시킬 때 분명 모든 것을 오직 믿음에 돌리지 않는가! 내가 질문하노니 "율법 외에 하나님의 한 의가 나타났으니"(롬 3:21), "하나님의 은혜로 값없이 의롭다 하심을 얻은 자 되었느니라"(롬 3:24), "사람이 의롭다 하심을 얻는 것은 율법의 행위에 있지 않고"(롬 3:28) 등의 표현이 뜻하는 바는 무엇인가?[12]

루터도 오직이라는 말이 로마서에 나오지 않는다는 비판에 대해 이렇게 대답했다.

바울이 내가 사용한 **오직**(솔라)이라는 말을 사용하지는 않지만, 오직 믿음이 의롭게 한다는 것을 나보다 얼마나 더 강력하게 단언하는지 살펴보라. 행위가 의롭게 하지 않고 믿음이 의롭게 한다고 말하는 그는 오직 믿음만이 의롭게 한다고 말하는 자보다 믿음이 의롭게 한다는 것을 더욱 강력하게 확언한다. … 다음과 같이 궤변적인 주장은 매우 우스꽝스럽다. "믿음만이 의롭게 한다. 그러므로 성령은 의롭게 하지 않으신다. 혹은 성령은 의롭게 하신다. 그러므로 오직 믿음만이 의롭게 하지는 않는다." 왜냐하면 이는 논쟁의 대상이 아니기 때문이다. 문제는 오직 믿음과 행위의 관계, 즉 칭의에서 어떤 것을 행위에 돌릴 수 있는지에 관한 것이다. 사도는 행위에 아무것도 돌리지 않으므로 의심할 나위 없이 오직 믿음에 모든 것을 돌린다.[13]

더욱 두려운 것은 가톨릭이 야고보 서신과 "이로 보건대 사람이 행함으로 의롭다 하심을 받고 믿음으로만은 아니니라"(약 2:24)라는 진술에 호소한다는 점이다. 이 대담한 진술은 적어도 표면적으로는 **솔라 피데**에 대한 종교개혁 견해와 분명히 모순된다. 또한 이 문제는 "우리 조상 아브라함이 그 아들 이삭을 제단에 바칠 때에 행함으로 의롭다 하심을 받은 것이 아니냐"(약 2:21)라는 야고보의 이전 진술로 악화된다. 믿음과 행위에 관한 바울과 야고보의 표면적 갈등은 수많은 이론과 조화를 위한 시도를 불러일으켰다. 벌카우어는 학자들이 제안한 견해들을 이렇게 요약한다.

1. 야고보는 바울의 가르침에 분명하게 반대하여 논쟁을 벌였다(바울의 로마서가 야고보서 이전에 기록되었다고 추정할 수 있다).
2. 야고보는 바울이 아니라 믿음으로 의롭다 하심을 얻는다는 바울의 증언에 대한 반율법주의적 오해에 반대하여 논쟁을 벌였다.
3. 바울의 로마서와 야고보서는 다른 문제를 염두에 두며, 서로 전혀 다투지 않는다.[14]

여기에 우리는 네 번째 견해를 덧붙일 수 있다. 야고보는 바울이 로마서를 쓰기 전에 서신을 썼으며 바울은 로마서에서 야고보서를 바로잡으려 했다. 이 마지막 견해는 (첫 번째 견해와 마찬가지로) 심각한 문제를 제기한다.

첫째, 이는 성경의 불일치와 부조화를 전제하는 것으로 로마 가톨릭주의와 고전적 종교개혁 사상이 모두 거부한다. 물론 현대 성경 비평 이론의 옹호자들은 이를 허용한다.

둘째, 바울과 야고보 모두 서신에서 상대를 어떤 방식으로도 거명하거나 거론하지 않는다. 이는 침묵적인 주장이다. 그러나 사도적 교회에서 이런 분명한 차이가 명시적으로 언급되지 않았다는 것이 이상하다. 예컨대 바울은 갈라디아서에서 주저하지 않고 베드로의 이름을 거명하여 복음에 관한 그들 사이의 갈등을 언급했다.

셋째, 1번이나 4번 견해가 옳다면 종교개혁의 맹렬한 논쟁에 대한 비난이 종교개혁자나 로마 가톨릭 교회가 아닌 사도들에게 쏟아져야 한다.

대부분의 주석가들은 2번 견해나 3번 견해, 혹은 둘의 결합을 선호한다. 야고보가 반율법주의를 멸시하는 것은 서신 전체의 내용과 어조에 나타난다. 그가 바울과 다른 주제를 다루고 있다는 사실 역시 두 서신을 세심하게 읽어보면 분명하게 알 수 있다.

하지만 야고보는 사람이 행위로 의롭다 하심을 얻지 오직 믿음으로만 의롭다 하심을 얻는 것이 아니라고 분명하게 말한다.

바울과 야고보가 자신들의 견해를 입증하기 위하여 둘 다 족장 아브라함에게 호소하는 것은 훨씬 더 부담스럽다. 바울은 아브라함이 창세기 15장에서 하나님을 믿었을 때 의롭다 하심을 얻었다고 주장한다. 야고보는 아브라함이 창세기 22장에서 이삭을 제단에 바쳤을 때 의롭다 하심을 얻었다고 주장한다. 둘 다 아브라함에 호소하지만 아브라함의 생애에 나오는 다른 이유와 다른 시기에 그렇게 한다.

또한 그들은 '**믿음**'과 '**의롭게 하다**'에 해당하는 동일한 헬라어를 사용한다. 그렇다면 다음과 같은 질문이 남는다. 그들이 이 용어를 사용할 때 동일한 것을 말한 것인가?

칼빈은 아니라고 대답한다. "우리의 절대적인 오류가 어디에 있는지 알 수 있다. 그들은 이중의 논과(論過)에 빠진다. 하나는 '**믿음**'이라는 용어에서, 다른 하나는 '**의롭게 하다**'라는 용어에서 그렇다. 사도가 참된 믿음과 전혀 다른 공허한 의견에 **믿음**이라는 이름을 붙인다고 해서 이런 허용이 그의 주장을 결코 훼손시키지 않는다."[15]

그런 다음 칼빈은 '**의롭다 하다**'라는 단어에 관하여 다른 논과를 말한다. "야고보를 다른 성경 및 야고보 자신과 일치시키려면 그가 사용하는 '**의롭다 하다**'라는 말을 바울이 뜻하는 것과 다른 의미로 받아들여야 한다."[16]

신학적 담론에서 단어는 종종 의미와 뉘앙스의 미묘한 차이를 가진다. 그러므로 표면적으로 갈등이 일어날 때 다음과 같은 질문을 던지는 것이 명료함을 위한 사려 깊은 자세다.

상이한 저자들이 어떤 관심사를 말하고 있는가? 그들은 어떤 문제를 해결하려 하고 있는가?

상이한 관심사

분명히 바울과 야고보는 동일한 관심사를 갖고 있지 않았다. 동일한 문제를 다루고 있지 않았다. 바울은 죄인이 어떻게 하나님의 법정에서 의인으로 간주될 수 있는지에 대한 신학적 쟁점에 관심을 두었다. 즉 그는 칭의의 복음을 설명하고 있었다.

반면 야고보의 관심사는 조금 다르다. 그는 자신이 대답하고 있는 문제가 무엇인지 구체적으로 밝힌다. "만일 사람이 믿음이 있노라 하고 행함이 없으면 무슨 유익이 있으리요 그 믿음이 능히 자기를 구원하겠느냐"(약 2:14). 즉 야고보는 칭의 교리만을 집중적으로 다루지 않는다.

게르하르트 키텔의 『신약 신학 사전』(Theological Dictionary of the New Testament)은 다음과 같이 지적한다. "야고보가 다루는 주제의 특징은 믿음을 말하지만 행위를 진지하게 여기지 않는 죽은 정통주의에 대한 반대 주장이다."[17]

야고보는 단순한 믿음의 **고백**으로 구원에 이르지 못한다는 것을 분명하게 말한다. 즉 행위를 낳지 않는 믿음의 고백에는 유익이 없다. 그는 이런 질문에 답하고 있다. '어떤 믿음이 구원하는가?' 또한 그는 구체적으로 "그 믿음이 능히 자기를 구원하겠느냐"(약 2:14) 묻는다. 그런 다음 그는 명확하게 그렇지 않다고 대답한다.

행위 없는 믿음은 구원 얻는 믿음이 아니다. 이 점에서 바울이나 종교개혁자들의 견해에는 불일치가 전혀 없다. 의롭게 하는 믿음은 필연적으로 행위가 나타난다고 모두가 주장한다. 여기서 벌카우어가 말한 두 번째 견해가 대두된다. "야고보서는 행위가 따르지 않는 믿음에 의한 칭의를 자랑하려는 모든 반율법주의에 대한 논쟁이다."

야고보는 이렇게 선언한다. "이와 같이 행함이 없는 믿음은 그 자체가 죽은 것이라"(약 2:17). 그에 따르면 행위가 동반되지 않는 단순한 신앙고백은 무익할 뿐 아니라 "죽은" 것이다. 여기서 **"죽은"**이라는 말이 어떻게 사용되는가? 어떤 사람들은 이 말이 한때 믿음을 가졌지만 그 후에 믿음이 소멸된 사람을 가리킨다고 주장했다. 이 논의(약 2:14-26)에서 야고보는 **"죽은"**이라는 말을 세 번 사용하며 죽은 몸에 대한 유추로 결론을 내린다. "영혼 없는 몸이 죽은 것같이 행함이 없는 믿음은 죽은 것이니라"(약 2:26). 제인 하지스는 이 점에 관하여 다음과 같이 언급했다.

> 어느 날 길을 걷다가 시체를 보게 된다면 쉽게 두 가지 결론을 내릴 수 있을 것이다. 첫째는 이 몸에는 더 이상 생명을 주는 영혼이 없다는 것, 둘째는 이 몸이 한때 살아 있었다고 결론 내리는 것이다. 여기서 가장 확실하게 그렇지 않다고 결론 내릴 수 있는 것이 하나 있다. 그것은 이 몸이 전에 결코 살아 있었던 적이 없다는 것이다. 그런데도 지금까지 발생한 성경의 가장 이상한 왜곡 중 하나는 많은 신학자와 성경 해석가들이 "죽은 믿음"이 필연적으로 언제나 죽어 있었던 것이어야 한다고 결론을 내린 것이다.[18]

또한 하지스는 다음과 같이 기록했다. "종교개혁 이후 개신교에는 야고보서 2장 14-26절에 관하여 일반적으로 수용되는 해석이 없을 뿐 아니라 이 본문을 해석하는 모든 중요한 방법이 잘못되었다. **단순히 잘못된 것이 아니라 심각하게** 말이다. 만일 야고보가 매우 그릇된 이 견해들을 들었다면 놀라서 떨었을 것이다."[19]

D. A. 카슨은 하지스의 야고보서 해석에 놀라 이렇게 썼다. "내가 알기로는 교회사를 통틀어 성경의 중요한 해석자 중 본문에 대하여 하지스의 해석을 취한 사람이 없다. 이는 절대적으로 하지스가 잘못이라는 뜻은 아니다. 하지만 그가 잘못 해석했을 가능성이 크다."[20]

잠시 우리는 거리의 시체를 깊이 생각하는 하지스의 견해를 놔두고 야고보서에 대한 좀 더 일반적인 이해를 살펴볼 것이다.

알렉산더 로스는 야고보가 재생산하지 못하는 상태를 가리켜 **"죽은"**이라는 말을 사용한다고 주장했다. **"죽은"**이라는 말은 한때 살아 있었다거나 죽은 상태로 태어난 믿음을 가리키지 않는다. 로스는 이렇게 지적했다. "'재생산을 못함'(barren)이라고 해석하는 것이 '죽은'으로 해석하는 것보다 적절할 것이다. 이 단어는 말 그대로 어떤 중요한 것을 산출하는 **활동이 없는**'이라는 뜻을 갖고 있다. 이 말은 마태복음 20장 3절, 6절, 디모데전서 5장 13절, 디도서 1장 2절 등에서 '게으른'으로 번역된다. 그리고 베드로후서 1장 8절에 다시 등장한다."[21]

야고보는 2장 18절에서 자신의 주장을 계속 전개한다. "어떤 사람은 말하기를 너는 믿음이 있고 나는 행함이 있으니 행함이 없는 네 믿음을 내게 보이라 나는 행함으로 내 믿음을 네게 보이리라." 여기서 야고보는 행위에 의한 믿음의 증시(證示), 혹은 현현을 말한다. 신자는 인간 차원에서 보이는 행위로 참된 믿음을 보인다.

성경은 우리가 그 열매로 신자를 알지만, 우리가 외적인 현현만 볼 수 있다는 것을 상기시킨다. 반면 하나님은 마음을 읽을 수 있는 능력을 갖고 계신다. 그분은 마음에 참된 믿음이 있는지 알기 위하여 외적인 행위를 관찰하실 필요가 없다. 외적 행위는 인간 관찰자의 눈앞에 믿음이 있다고 주장하는 것을 '정당하게' 만든다. 그러나 하나님께 그런 '정당화', 혹은 옹호가 반드시 필요한 것은 아니다.

아마도 이는 바울과 야고보가 호소하는 아브라함 생애의 상이한 상황을 설명하는 데 도움이 될 것이다. 야고보는 "우리 조상 아브라함이 그 아들 이삭을 제단에 바칠 때에 행함으로 의롭다 하심을 받은 것이 아니냐"(약 2:21)고 말한다.

이제 '아브라함이 누구 앞에서 의롭다 하심을 얻었으며 어떤 의미에서 의롭다 하심을 얻었는가?' 하는 문제가 남는다. 만일 아브라함이 '**의롭다 하다**'의 신학적 의미로 하나님 앞에서 의롭다 하심을 얻었다면, 우리는 바울과 심각한 반대 입장에 처하게 된다. 로마서 4장에서 바울은 아브라함이 행위로 의롭다 하심을 얻은 것이 아니었다는 요점을 상세하게 말한다.

그런즉 육신으로 우리 조상인 아브라함이 무엇을 얻었다 하리요 만일 아브라함이 행위로써 의롭다 하심을 받았으면 자랑할 것이 있으려니와 하나님 앞에서는 없느니라 성경이 무엇을 말하느냐 아브라함이 하나님을 믿으매 그것이 그에게 의로 여기신 바 되었느니라 일하는 자에게는 그 삯이 은혜로 여겨지지 아니하고 보수로 여겨지거니와 일을 아니할지라도 경건하지 아니한 자를 의롭다 하시는 이를 믿는 자에게는 그의 믿음을 의로 여기시나니 (롬 4:1-5).

바울은 아브라함이 하나님의 명령을 수행하기 **전에** 의롭다 하심을 얻었다고 선언한다. 그는 믿음을 갖자마자 의롭다 하심을 얻었다(창 15장). 다시 말해 아브라함은 행위 이전에, 행위를 고려하기 전에 의인으로 간주되거나 여겨졌다(법적 선언). 그리고 이후에 순종의 행위로 자신의 믿음을 입증했다. 이런 의미에서 예수님은 '**의롭다 하다**'라는 말을 상징적으로 사용하셨다. "지혜는 자기의 모든 자녀로 인하여 옳다 함을 얻느니라"(눅 7:35). 여기서 예수님은 지혜가 아이를 가짐으로써 하나님께 옳게 여김을 받는다고 말씀하신 것이 아니다. 참된 지혜는 그 열매로 인해 그 참됨이 드러나거나 입증된다고 말씀하고 계신다.

아마도 이는 야고보가 아브라함에 관하여 그 행위로 "의롭다 하심을 얻었다"고 말할 때 뜻하던 바와 비슷할 것이다. 야고보는 이것을 행위의 열매로 참된 믿음을 보이거나 입증한다는 문맥으로 말한다. 그는 아브라함이 이미 하나님에 의하여 의인으로 간주된 것(창 15장)을 분명히 알았고, 이 점을 다음과 같이 말하며 넌지시 비친다. "네가 보거니와 믿음이 그의 행함과 함께 일하고 행함으로 믿음이 온전하게 되었느니라 이에 성경에 이른바 아브라함이 하나님을 믿으니 이것을 의로 여기셨다는 말씀이 이루어졌고 그는 하나님의 벗이라 칭함을 받았나니"(약 2:22-23).

야고보는 그 어디서도 아브라함이 하나님 앞에서 의롭다 하심을 얻은 근거가 그의 행위였다고 말하지 않는다. 바울이 로마서에서 관심을 집중하는 칭의의 근거를 야고보가 주제로 삼아 논의하고 있는 것이 아니다. 그는 믿음과 행위의 필연적 연관을 구원 얻는 믿음에 없어서는 안 되는 것으로 강조하고 있다. 다시금 칼빈은 이렇게 언급한다.

결과가 원인보다 선행했다는 말이 터무니없다면, 모세가 그 본문에서 아브라함의 믿음이 의로 인하여 전가되었다고 하거나, 아브라함이 이삭을 드리는 순종을 통해 의를 얻지 못했다고 선언하는 것은 그릇되다. 이삭이 태어났을 때, 다 자란 청년이었던 이스마엘이 존재하기도 전에 아브라함은 믿음으로 의롭다 하심을 얻었다. 그런데 어떻게 그가 오랜 시간이 지난 후에 보인 순종으로 의롭다 하심을 얻었다고 말할 수 있겠는가! 그러므로 야고보는 적절한 순서를 그릇되게 뒤집었거나(사실 이런 가정은 불경하다) 아브라함이 의인으로 간주될 자격이 있어서 의롭다 하심을 얻었다고 말할 의도가 없었다. 그렇다면 그는 무엇을 말하려는 걸까? 야고보는 의의 전가에 대해 말하는 것이 아니라 의의 현현을 말하고 있는 듯하다. 참된 믿음으로 의롭다 하심을 얻은 사람들은 순종과 선행으로 그 의롭다 하심을 입증하지, 빈약하고 가상적인 흉내로 자신의 믿음을 입증하지 않는다고 그가 말했던 것처럼 말이다. 한마디로 야고보는 칭의의 양태를 논의하고 있는 것이 아니라 신자의 칭의가 반드시 활동하는(열매를 맺는) 것이어야 한다고 요구하고 있다.[22]

야고보는 **솔라 피데**를 부인하는 것이 아니라 의롭다 함을 얻는 믿음이 단독으로 존재하지 않음을 보이고 있다. 즉 야고보의 지적은 바울이나 종교개혁자들의 교리를 약화시키지 않는다. 물론 그의 지적은 모든 형태의 반율법주의에 치명적인 일격을 가한다. 바울은 로마서에서 다음과 같이 선언한다. "그런즉 자랑할 데가 어디냐 있을 수가 없느니라 무슨 법으로냐 행위로냐 아니라 오직 믿음의 법으로니라 그러므로 사람이 의롭다 하심을 얻는 것은 율법의 행위에 있지 않고 믿음으로 되는 줄 우리가 인정하노라"(롬 3:27-28).

"그러므로"라는 말은 사도의 결론이 곧 뒤따를 것을 뜻한다. 바울은 분명 칭의가 율법의 행위와 무관하게 믿음으로 말미암는다고 결론 내린다.

이 점에 관하여 찰스 하지는 이렇게 말한다. "믿음으로 된다면 그것은 행위에 속하는 것이 아니고, 행위에 속하는 것이 아니라면 자랑할 여지가 있을 수 없다. 왜냐하면 자랑은 개인의 공로에 대한 긍정이기 때문이다. 사안의 본질상 칭의가 믿음으로 말미암는다면 오직 믿음으로 되는 것이 분명하다. 그러므로 루터의 표현 '**오직 믿음으로**'(allein durch den glauben)는 문맥상 전적으로 정당하다."[23]

또한 하지는 루터가 **오직**이라는 말을 추가한 것에 대해 로마 가톨릭이 항의하지만 루터 이전의 가톨릭 번역자들도 그렇게 했다는 점을 지적한다. "뉘른베르크 성경(1483)에 '**오직 믿음으로**'(Nur durch den glauben)라고 표현되었다. 그리고 이탈리아어 제네바 성경(1476)과 베니스 성경(1538)도 '**오직 믿음으로**'(per sola fede)라고 기록되어 있다."[24]

구주와 주이신 그리스도

역사적 복음주의는 **솔라 피데**에 대한 이해와 믿음과 행위의 연관에 관한 이해에서 일치되고 획일적이었지만, 이 일치는 우리 시대의 세대주의 울타리에서 일어난 주요 논쟁으로 무너졌다. 이 분열의 중요한 적수는 한편으로는 존 맥아더, 다른 한편은 제인 하지스와 찰스 라이리였다.

'주재권 구원'(Lordship salvation)의 옹호자들은 구원 얻는 믿음은 그리스도를 구주와 주로 받아들이는 것과 관계있으며 참된 믿음은 불가피하게, 필연적으로, 즉각적으로 순종의 열매를 드러내기 시작한다고 주장한다. 즉 우리가 그리스도의 형상을 따르는 성화의 과정은 우리의 칭의에 근거하여 확실히, 그리고 즉각적으로 시작된다.

물론 성화 과정은 이생에서 완료되는 것도 아니고 칭의의 근거도 아니다. 이 근거는 오직 믿음으로 우리에게 전가되는 그리스도의 의에 배타적으로 남는다.

그러나 의롭다 하심을 얻은 사람은 분명 성령으로 인해 중생되고 성령이 내주하시는 **변화**된 사람이다. 따라서 그는 그리스도를 주로 시인하고 받아들이며, 어느 정도 순복한다.

주재권 반대 진영도 모든 그리스도인이 그리스도의 주권을 받아들여야 하고 믿음의 열매를 나타내야 한다는 점을 시인한다. 하지만 믿음의 열매가 칭의와 필연적인 연관을 갖지 않는다고 한다. 즉 '육적 그리스도인'이 있을 수 있다. 구원 얻는 믿음은 행위를 통한 후속적 현현이 전혀 없어도 존재할 수 있다.

바람직한 일은 아니지만 예수를 주(主)로 받아들이지 않고 구주(救主)로만 받아들이는 사람이 있을 수 있다. 회개도, 그리스도의 주재권에 대한 순복도 구원 얻는 믿음의 필수 요소는 아니다. 이것을 필수적인 것으로 만드는 것은 율법주의며, 복음의 거저 주는 은혜에 대한 암묵적 부인이다. 이 주제를 다룬 제인 하지스의 책에 『전적으로 값없이!』(Absolutely Free!)라는 제목이 붙은 것은 우연이 아니다.

하지스와 라이리는 자신들이 은혜의 복음의 순수성을 옹호하고 있다고 확신한다. 그리고 맥아더와 주재권 진영은 반율법주의에 맞서 성경적 복음을 변호하고 있다고 확신한다.

본서는 이 논쟁의 심층 분석이나 평가를 위한 책이 아니다. 다만 칭의 교리가 우리 시대의 논쟁으로 남아 있으며, 역사적 로마 가톨릭주의와 개혁파 신학 사이뿐 아니라 자칭 복음주의자 안에도 남아 있다는 것을 언급할 따름이다.

라이리는 행위의 열매가 모든 그리스도인의 삶에 당연히 나타난다는 것을 분명히 한다. "모든 그리스도인은 어느 곳에서, 어느 때, 어떤 방법으로든 영적 열매를 맺을 것이다. 그러지 않으면 그 사람은 신자가 아니다. 모든 중생한 사람은 열매를 맺을 것이다. 열매를 맺지 않는 것은 신실하지 못하고 신앙이 없는 것이며, 결국 구원이 없는 것이다."[25]

여기서 논쟁의 요점은 영적 열매의 불가피성이 아니라 그것이 일어나는 **시점**이다. 개혁파의 입장은 의롭다 하심을 얻은 사람은 중생한 사람이며 중생한 사람은 변화된 사람이므로 열매가 즉각적으로 열리기 시작할 것이라고 주장한다. 그는 또한 구원 얻는 믿음에 이르는 '마음의 변화'를 체험하는, 회개하는 사람이기도 하다.

라이리와 하지스도 회개나 열매를 구원의 **조건**으로 보지 않는다. 하지스는 이렇게 말한다. "만일 우리가 이 사실을 마음에 굳게 간직한다면, 회개가 영원한 구원의 조건이라고 잘못 생각하는 일이 없을 것이다."[26]

하지스는 회개와 믿음의 동일시를 거부하는 칼빈에게 호소하며 칼빈의 언급을 인용한다. "믿음을 회개에 포함시키는 것은 바울이 믿음과 회개를 전혀 다른 것으로 언급하는 … 사도행전 20장 21절과 모순된다."[27]

칼빈은 참으로 믿음과 회개를 **구분**하고 믿음이 회개에 의하여 생기지 않는다고 줄기차게 주장한다. 하지만 칼빈은 회개를 믿음과 분리하거나 단절시키지 않는다. 그리고 이렇게 말한다. "회개가 언제나 믿음을 따를 뿐 아니라 믿음에 의하여 생긴다는 것은 논쟁의 여지가 없다. … 분명한 것은 사람이 이전 삶의 잘못에서 벗어나 밝은 길을 걸으며 회개를 실천하는 것에 전념하지 않고는 복음의 은혜를 받아들일 수 없다는 것이다."[28]

또한 그 이전에는 다음과 같이 말했다. "복음의 총체가 회개와 죄 사함에 있다고 말하는 것에는 합당한 이유가 있다. 그러므로 두 주제를 생략하는 곳에서는 믿음에 관한 그 어떤 논의도 빈약하고 결함이 있으며 거의 쓸모가 없다."[29]

칼빈이 믿음과 회개를 분리시키지 않고 구분하는 데 마음을 기울였다는 것은 다음에 나오는 그의 글에서 매우 분명해진다. "참된 회개가 믿음 없이 존재할 수 있는가? 결코 그럴 수 없다. 그러나 이 둘을 분리시킬 수 없지만, 마땅히 구분해야 한다. 소망 없는 믿음은 없지만 믿음과 소망이 다르듯, 회개와 믿음은 서로 늘 연관되어 있어도 혼동 없이 통합되어야 한다. 나는 '**회개**'라는 말이 '하나님께 돌아감'이라는 전체 활동으로 이해되며 그것(하나님께 돌아감)의 중요한 요소로 믿음이 있다는 것을 안다."[30] 따라서 칼빈은 믿음 없는 회개를 허용하지 않을 것이다. 또한 회개 없는 믿음도 허용하지 않을 것이다. 하지스는 회개가 하나님과의 교제에 필수적이지만 구원에는 그렇지 않다고 주장한다.

믿음과 회개의 성경적 구분이 무너지고 그래서 회개가 영생을 위한 조건이 될 때, 이는 지극히 심각한 문제가 된다. 왜냐하면 이런 식으로 사태를 인식할 경우 믿음에 관한 신약의 교리가 근본적으로 다시 기록되고 회개를 위한 볼모로 간주되기 때문이다. … 물론 진정한 회개가 구원에 선행하겠지만 … 반드시 그래야 하는 것은 아니다. 그리고 회개가 구원이 이루어지는 과정에서 필수적이지 않기 때문에 결코 그 과정의 조건이 되지 않는다. 그러나 하나님이 모든 사람에게 회개를 요구하시며, 그 위에서 그들과 교제하신다는 사실은 남아 있다.[31]

하지스는 하나님께서 회개를 자신과의 교제를 위한 조건으로 요구하신다는 것을 시인하지만, 영원한 구원을 위하여 회개를 **요구**하시지는 않는다고 주장한다. 그렇다면 이 말은 회개하지 않는 자가 영생을 유업으로 받을 수 있고, 그렇게 될 것이라는 뜻인가? 신자가 하나님과 교제하지 않고도 의롭다 하심을 얻고 구원을 받을 수 있다는 뜻인가?

나는 하지스가 말하는 바가 그 뜻이라고 믿지 않는다. 이는 극단적인 반율법주의다. 칼빈은 분명 구원의 요구 조건이나 필수 조건으로서의 고해성사를 강력히 반대했다. 이 말은 그가 구원을 위한 요구 조건으로서 회개를 반대했다는 뜻이 아니다.

그렇다면 **요구나 조건**이 무슨 뜻인가? 라이리와 하지스는 회개가 우리의 칭의의 **근거**가 아니라는 데 깊은 관심을 보인다. 그들은 이것이 참된 근거, 즉 그리스도의 의를 흐리게 하거나 회개를 **솔라 피데**를 파괴하는 **행위**로 만들까봐 두려워한다.

칼빈은 회개를 행위와 비슷한 방식으로 다룬다. 행위는 우리의 칭의나 구원의 근거가 아니지만, 그것 없이는 구원이 이루어지지 않을 것이다. 즉 사람이 행위를 낳지 않고 참된 믿음을 가질 수 없듯, 회개 없이 참된 믿음을 가질 수 없다. 이런 의미에서 회개는 구원에 필수적이다. 회개가 없다면 하나님과의 교제도 없을 뿐 아니라 구원도 없다. 회개가 없다는 것은 다름 아닌 진정한 믿음이 없다는 것을 증명하는 것이기 때문이다.

9
Faith Alone

우리가 믿음 외의 것으로는 의롭다 하심을 얻지 못한다는 사실, 다시 말해 우리가 오직 믿음으로 의롭다 하심을 얻는다는 사실을 확고하게 견지하라.　_존 칼빈

다른 복음은 없다

　종교개혁의 어조는 분명 논쟁적이었다. 양측은 절박했고 때때로 상대를 격렬히 비난했다. 그들은 서로를 험악한 이름으로 불렀고 전쟁은 피를 흘리는 데까지 이르렀다. 종교 재판과 박해와 이단 재판과 고문과 처형이 있었다. 이 모든 것이 오늘날의 관점에서 보면 매우 비현실적인 일처럼 느껴진다.

　이와 같이 우리는 전쟁으로 들끓는 세상과 문화에 살고 있다. 지난 세기는 두 세계 대전과 독일과 구소련과 아프리카와 동남아의 집단 학살로 얼룩졌다. 종교 갈등은 나라를 분열시키고 테러는 기술적으로 행해졌다. 미국에서는 인종 갈등과 성(性)의 전쟁과 심한 정치적 소외와 낙태 갈등과 수많은 심각한 분열이 있어왔다. 이밖에도 우리 모든 사람의 머리 위에 도사리고 있는 핵이라는 다모클레스의 칼이 있으며, 자연히 우리는 더 심각한 전쟁에 몸을 도사린다.

새로운 기운이 등장하고 있다. 이는 철학적 상대주의와 다원주의라는 변덕스러운 토대에 근거한다. 이 토대는 진리에 대한 열정이나 건전한 인식론을 추구하는 것에서 생기지 않았다. 상이한 정치적, 도덕적, 철학적, 종교적 견해가 조화를 이루며 평화롭게 공존할 수 있는 세계나 국가 공동체를 만들려는 건축가들에 의하여 설계되었다.

진리를 상대적, 혹은 다원적으로 보게 되면 필연적으로 아무도 최종적이거나 배타적인 진리를 정당하게 주장할 수 없다는 결론이 나온다. 즉 궁극적 진리가 없다는 단언만이 궁극적 진리가 된다. 이는 분명 자기모순이다. 궁극적 진리가 없다면, "궁극적 진리는 없다"는 확언은 "궁극적 진리가 있다"는 확언보다 더 참되거나 더 거짓되지 않다.

상대주의나 다원주의가 효과를 보려면, 평화와 조화를 수립하려면, **관용**이 중심 원리 노릇을 해야 한다. 하지만 이 원리는 절대적일 수 없다. 왜냐하면 관용의 법칙은 불관용을 허용하지 않기 때문이다.

나는 종교적 관용의 오랜 유산을 자랑하는 나라인 미국에 산다. 사람들은 종교적 확신 때문에 핍박을 피하여 이 국가로 왔다. 미국은 종교의 자유로운 발휘라는 국가적 서약, 엄숙한 합의를 갖고 있다. 어떤 종교적 신앙이나 분파도 국가 교회로 수립되지 못한다.

하지만 모든 종교를 관용한다는 것은 모든 종교가 동일하게 타당하다거나 각 종교가 모든 신학적 견해를 수용해야 한다는 말이 아니다. 각 종교는 나름의 회원 자격 요건을 갖는다. 이 기준을 위반할 땐 회원 자격을 박탈할 수 있고, 종종 그런 일이 있다. 교회는 여전히 출교의 징계를 행사하고, 이단의 문제를 재판하고 심문한다. 그러나 시민 정부는 (대체로) 그런 일에 개입하지 않는다. 즉 국가는 국민이 이단자라고 해서 화형에 처하지 않는다.

이단의 실재

이 말은 이단 같은 것이 더 이상 존재하지 않는다는 의미가 아니다. 그보다는 '아무도 그것을 감히 이단이라고 부르지 않는' 분위기가 된 것 같다. 그러나 이단은 여전히 문제로 남아 있으며, 교회는 언제나 그랬듯 신학적 오류나 이단의 문제를 다루어야 한다.

교회사에서 오직 믿음으로 의롭다 하심을 얻는다는 쟁점만큼 폭발적이고 결정적인 상황을 낳은 것은 없다. 어쩌면 누군가는 16세기를 역사에서 지워버리고 싶을 것이다. 그러나 실제로 지울 수는 없다. 그 논쟁은 분명히 일어났고, 그 결과는 오늘날에까지 영향을 미친다.

물론 우리는 16세기를 살고 있지 않다. 그것은 과거다. 오늘날 우리가 접하는 문제는 당시 그들이 접했던 문제와 다르다. 우리는 신학적 쟁점을 둘러싸고 피비린내 없이 살아갈 수 있는 법을 조금 배웠다. 이 사실과 관련하여 우리가 16세기에 싸웠던 우리 선조들보다 성숙했고 더 거룩해졌다는 낙관적인 견해가 있다. 물론 발전은 없고 퇴보만 있다는 덜 낙관적인 견해도 있다.

우리가 하나님과 사람을 더욱 사랑하게 되어서 더욱 관용하는 것이라면 낙관적인 견해가 타당하다. 그러나 우리가 복음에 점점 무지해지거나 복음을 옹호하는 데 게을러져서 더욱 관용하는 것이라면 비관적인 견해가 타당하다.

한 가지 확실한 것이 있다. 역사적 상황이나 심지어 쟁점 자체도 세기마다 바뀔 수 있지만, 복음은 바뀔 수 없다는 것이다. 물론 우리는 복음을 바꾸려 할 수 있다. 수정하려고 할 수도 있다. 그렇게 복음의 내용을 바꿀 수 있지만, 그렇게 되면 그것은 더 이상 복음이 아니다.

16세기의 격렬한 싸움의 당사자들은 양측 모두 자신들이 복음을 위하여 싸우고 있다고 확신했다. 양측 모두가 복음의 본질을 잘못 이해했을 수 있다. 한편은 본질적으로 옳고, 다른 편은 그렇지 못했을 수 있다. 그러나 양편이 다 옳을 수는 없다. 양편이 타당한 관심사를 가졌을 수 있지만 그들의 결론은 서로 배타적이었고 지금도 그러하므로 둘 다 옳을 수는 없다. 이 결론을 회피하는 유일한 방법은 인식론적 상대주의를 받아들이는 것인데, 이는 구체적으로 양편에게, 일반적으로는 기독교에게 자살 행위가 된다.

우리는 종종 종교개혁 시대에 양편이 표출한 무절제와 귀에 거슬리는 적대적인 표현들을 미워한다. 하지만 적어도 양측이 무엇이 문제인지 알았다는 점은 인정해야 한다. 현대 수정주의자들은 그것이 집안싸움이었다고 선언하지만 그때의 당사자들은 그렇게 보지 않았다. 즉 로마 가톨릭과 종교개혁자들은 자신들의 싸움이 배도와 관계있다고 믿었다.

대부분의 신학자들은 교리의 모든 오류가 마땅히 배도의 비난을 받아야 하는 것은 아니라는 데 동의한다. 그리고 기독교의 본질과 관련된 오류만 이런 비난을 받아 마땅하다는 데 합의한다. 그러나 모든 사람이 무엇이 본질인지에 대하여 의견을 같이하는 것은 아니다. '몰몬 교회'와 '여호와의 증인'처럼 그리스도의 신성을 긍정하지 않고도 그리스도인이 될 수 있다고 믿는 단체가 있다. 참으로 그들은 그리스도의 신성에 대한 긍정을 오류로 본다. 심지어 그리스도의 신성 교리를 이단으로 본다.

적어도 19세기 자유주의가 등장하기 전까지는 로마 가톨릭교와 개신교가 그리스도의 신성이 기독교의 본질이라는 데 의견을 같이했다. 그들은 그리스도의 속죄와 부활처럼 다른 본질적인 내용에도 의견을 같이한다. 현대 자유주의는 이런 합의에 이의를 제기했지만, 이런 이의는 비교적 최근에 발전된 것이다. 역사적으로 로마 가톨릭교와 종교개혁의 신앙고백 둘 다 소위 에큐메니컬 신조를 긍정하며 광범위한 **보편적 교리**를 확언한다. 남은 문제는 이것이다.

1. 솔라 피데는 복음의 본질인가?
2. 복음은 기독교와 구원의 본질인가?
3. 복음을 부인하는 것은 배도 행위인가?

16세기의 로마 가톨릭과 종교개혁자들은 2번과 3번에 동일하게 답했다. 양측 모두 복음이 기독교의 본질이며, 분파들이 기독교의 다른 모든 본질을 붙잡더라도 복음을 부인한다면 그것은 배도 행위라는 데 동의했다.

당시의 논쟁과 오늘날의 논쟁은 문제 1번에 초점을 둔다. **솔라 피데**는 복음의 본질인가? 종교개혁자들은 이 문제에 절대적인 긍정으로 답했다. 반면 로마 가톨릭은 절대적 부정으로 답했다. 로마 가톨릭은 **솔라 피데**가 복음의 본질이라는 것을 부인했을 뿐 아니라 아예 이것 자체를 부인했다. 그들은 이것을 해로운 이단이라 선언했고 분명하게 힘주어 여기에 저주를 퍼부었다.

내 생각에 로마 가톨릭이 그들의 확신에 따라 거짓되고 이단적인 복음에 저주를 한 것은 로마의 자랑거리다. 만일 **솔라 피데**가 성경적 복음에 대한 왜곡이라면 확실히 그런 저주를 받아 마땅하다. 종교개혁자들이 그릇된 복음을 전하고 가르쳤다면 그들은 배도자이며 제1차 바티칸 공의회가 일컬었듯 "분파주의자이며 이단"이라는 오명을 받을 만하다.

16세기 가톨릭교회는 분명 복음을 의식적으로나 의도적으로 정죄하지 않았다. 나는 로마 가톨릭의 성직자가 이단으로 생각하는 것을 정죄했다고 확신한다. 만일 **솔라 피데**가 실제로 이단이라면 로마 가톨릭은 옳은 일을 했다. 반대로 **솔라 피데**가 복음의 본질이라면 로마 가톨릭은 잘못된 열정으로 복음을 정죄했다. 면밀히 숙고한 후에 참된 복음을 정죄한다면, 그것은 고의든 아니든 배도 행위다.

'비고의적' 배도라는 말은 다소 이상하게 들린다. 하나님은 분명 우리의 행위를 심판하실 때 우리의 행위와 나란히 우리의 의도를 고려하신다. 따라서 복음을 의도적으로 정죄하는 것은 비의도적으로 정죄하는 것보다 명백하게 훨씬 더 가증스럽다. 그러나 양측이 동의했듯이 비고의적 이단도 여전히 이단이다.

로마 가톨릭의 도덕 신학은 알고 행한 죄와 모르고 행한 죄를 구별한다. 그리고 가톨릭 신학자들은 극복 가능한 무지와 극복 불가능한 무지를 구별하며 허다한 죄를 포괄한다. 극복 불가능한 무지는 정복할 수 없는 것이다. 가령 성경에 복음의 본질이 매우 애매하게 기록되어 있다면, 16세기 논쟁의 쌍방은 죄책을 줄이거나 지워버리기 위하여 극복 불가능한 무지에 호소할 수 있다. 그러나 양측 모두 성경은 애매하지 않다고 주장했다. 그러므로 어느 쪽도 주저하지 않고 다른 쪽을 배도자라고 불렀다. 그들은 한 가지 점에서만 의견을 같이했다. 상대편이 본질적 교리에 관하여 이단을 가르쳤고, 그래서 그들은 배도자라는 것이다.

이 쟁점은 오늘날 명확하게 규정되지 않는다. 우리 시대의 모호함은 **솔라 피데**에 대한 복음주의적 확언과 관계있다. 많은 자칭 복음주의자들이 **솔라 피데**를 주저하지 않고 확언할 것이다. 하지만 그들은 **솔라 피데**가 복음의 중요한 요소지만 복음이나 구원의 **본질**이라고는 믿지 않는다. **솔라**

피데는 교회의 **안녕**(bene esse)에 꼭 필요하지만, 참된 교회의 본질이나 **존재**(esse)를 위해 꼭 필요하지는 않다는 것이다.

가령 복음주의자와 가톨릭교도의 협력에 서명한 복음주의자들은 **솔라 피데**가 복음의 가장 순수한 표현이지만 본질적인 기독교 진리는 아니라고 믿을 것이다. 즉 어떤 사람들은 이것이 본질적인 것이지만, 로마 가톨릭이 배도의 상태를 벗어나 더 이상 그것을 부인하지 않는다고 믿을 것이다.

믿음의 본질

솔라 피데는 복음의 본질이며 복음은 구원의 본질인가? 다음은 바울이 갈라디아서에서 이 점에 대하여 가르친 교훈을 살핀 것이다.

첫째, 우리는 그리스도인의 행동에 관한 바울의 가르침을 논쟁적 상황에서 기억해야 한다. 바울은 지속적으로 그리스도인들에게 서로 온유하고 선량하며 오래 참고 자비를 베풀 것을 권한다. 동일하게 그는 그리스도인들에게 다투고 험담하고 싸우고 분열하지 말 것을 권고한다. 사도는 그리스도인의 하나 됨과 교회의 일치를 무너뜨리는 것을 사소한 일로 보지 않는다. 그의 글에는 본질적이지 않은 문제에서는 크게 관용하는 정신이 깔려 있다. 그러나 기독교 신앙에 본질적인 것으로 간주되는 문제를 다룰 때는 관용의 여지를 남겨 두지 않는다. 관용할 수 없는 것을 관용하는 일은 바울에게 견딜 수 없는 일이었다.

바울의 다른 서신에서 갈라디아서에 쓴 것만큼 강력한 책망이나 날카로운 권고를 발견하기는 어렵다. 여기서 사도는 복음이 문제가 되고 있다 여기고 주저함 없이 매우 강력하게 말한다. 바울은 간략한 인사말을 건넨 후

곧바로 갈라디아교회 상황에 관한 자신의 깊은 관심사를 다룬다.

"그리스도의 은혜로 너희를 부르신 이를 이같이 속히 떠나 다른 복음을 따르는 것을 내가 이상하게 여기노라"(갈 1:6). 바울은 갈라디아 교인이 급속하게 복음을 떠난 일에 관하여 사도로서 놀라움을 표명한다. 헤르만 리더보스는 말한다. "사도는 서두에서 곧장 갈라디아교회의 위협적인 배도 문제를 제기한다."[1)]

갈라디아교회에 보낸 바울 서신

그리스도의 은혜로 너희를 부르신 이를 이같이 속히 떠나 다른 복음을 따르는 것을 내가 이상하게 여기노라 다른 복음은 없나니 다만 어떤 사람들이 너희를 교란하여 그리스도의 복음을 변하게 하려 함이라 그러나 우리나 혹은 하늘로부터 온 천사라도 우리가 너희에게 전한 복음 외에 다른 복음을 전하면 저주를 받을지어다 우리가 전에 말하였거니와 내가 지금 다시 말하노니 만일 누구든지 너희가 받은 것 외에 다른 복음을 전하면 저주를 받을지어다 이제 내가 사람들에게 좋게 하랴 하나님께 좋게 하랴 사람들에게 기쁨을 구하랴 내가 지금까지 사람들의 기쁨을 구하였다면 그리스도의 종이 아니니라 형제들아 내가 너희에게 알게 하노니 내가 전한 복음은 사람의 뜻을 따라 된 것이 아니니라 이는 내가 사람에게서 받은 것도 아니요 배운 것도 아니요 오직 예수 그리스도의 계시로 말미암은 것이라(갈 1:6-12).

존 칼빈과 마르틴 루터는 바울이 부드럽게 이 단락을 시작한다고 지적한다. 바울은 갈라디아 교인이 복음을 떠나는 것에 충격을 표현한다. 그의 말은 독설로 가득 차 있지 않다. 왜냐하면 거짓 가르침의 희생자를 다룰 뿐,

나쁜 짓 하는 사람을 다루는 것이 아니기 때문이다. 루터는 그들의 상처를 찌르기보다 치유하려는 사도의 온유하고 부드러운 말을 이렇게 언급한다.

우리는 이 모범을 따라야 한다. 우리는 길을 잃은 가련한 제자들을 향하여 부모가 자녀를 대하는 심정을 품어, 그들이 자신들을 향한 우리의 부성적 열정과 모성적 감정을 보게 하고, 우리가 그들의 구원을 추구하는 것을 보게 해야 한다. 한편 마귀와 그의 종, 즉 타락과 분파주의의 장본인에 관해서도 우리는 사도의 모범을 따라야 한다. 우리는 그들을 책망할 때 할 수 있는 한 예리하고 호되게 경멸하고 비난하면서, 참지 말고 용감하고 날카롭고 매서운 태도를 취해야 한다. 아이가 개에게 물렸을 때 부모가 그 개는 쫓아 버리지만 울고 있는 아이는 몹시 부드러운 말로 위로하고 달랜다.[2]

1535년판 『갈라디아서 주석』(Commentary on Galatians)에 나오는 루터의 말이 1519년판보다 훨씬 날카로운 점이 흥미롭다. 이런 논쟁에 대한 모범은 루터도 칼빈도 아니다. 궁극적으로 바울도 아니다. 바울은 궁극적으로 예수님의 모범을 따른다. 예수님은 거짓 가르침의 희생자에게 유난히 온유하고 부드러우셨지만, 거짓 선생에게는 뱀과 개를 대하듯 격렬히 비난하셨다. 사도의 책망이 부드럽지만 책망은 책망이다. 칼빈은 이렇게 지적한다.

그는 갈라디아 교인이 자신의 가르침이 아닌 그리스도의 가르침에 대해 변절했다고 비난한다. 왜냐하면 그들은 그리스도의 은혜로 율법의 속박에서 벗어난 것을 시인해야만 그리스도에게서 떠나지 않을 수 있었기 때문이다. … 그렇게 그리스도를 떠난 것은 그들이 기독교를 완전히 버렸기 때문이 아니라 그런 타락을 통해 가상적 그리스도만 남았기 때문이다. 오늘날의 교황주의자들도 부분적인 그리스도와 혼합된 그리스도를 택함으로써 그리스도에게서 떠났다.[3]

바울이 갈라디아 교인이 그리스도의 은혜로 그들을 부르신 "이"를 떠났다고 말할 때, 리더보스는 이 말이 바울뿐 아니라 하나님을 가리킨다고 보았다. "여기서 '이'라는 말은 단순히 복음의 선포자인 바울뿐 아니라 하나님도 지칭한다. 복음을 가지고 행하시는 하나님의 활동을 가리키는 전문 용어인 '**부르다**'(call)라는 말에서 많은 것을 추론할 수 있다."[4]

바울은 다음 세 가지에 놀라움을 표현한다. ① 갈라디아 교인이 떠났다. ② 그들이 그리스도의 복음에서 떠났다. ③ 그들이 매우 빨리 떠났다.

오늘날의 위기

역사적 복음주의는 오직 믿음으로 의롭다 하심을 얻는다는 복음을 위하여 죽을 준비가 되어 있었다. 오늘날의 미국 복음주의는 **솔라 피데**의 중심성에서 복음으로 옮겨갔다.

1994년 '크리스채너티 투데이'에 실린 논문 "왜 나는 서명했는가"에서 패커는 "작은 활자"(small print)라는 표현으로 **솔라 피데**를 암시한다. 제임스 보이스는 오늘날 **솔라 피데**가 핵심적인 강조체로 선언되어야 한다고 종결된 논쟁에서 패커가 **작은 활자**라는 말을 거듭 사용하는 것을 반박했다. 1961년에 (솔라 피데를) 교리의 세계와 교회의 생명을 어깨에 짊어지는 성경 교리의 "아틀라스"라 한 패커가 이제는 그것을 교리의 "이론적 차원"으로

격하시킨다. 아틀라스가 어깨를 으쓱거렸고, 복음주의 집안은 흔들려 붕괴할 지경에 처했다.

복음주의자와 가톨릭교도의 협력에 의한 논쟁으로 과거의 연합은 산산이 무너졌고 이전의 동맹자는 원수가 되었다. 떠나는 사람도 있었다. 이 움직임은 사소한 것처럼 보였지만 (지구의 표면에 사소한 변동이 일어날 때처럼) 지진이 뒤따랐다. 바울의 관점에서는 갈라디아 교인들이 복음의 순수성에서 떠났을 때 하나님의 집터가 흔들렸다. 시편 기자는 터가 무너지면 의인이 무엇을 할 수 있냐고 물었다(시 11:3).

21세기에 접어들면서 복음주의 교회가 만난 위기가 바로 이것이다. 교회는 현대성과 점점 더 적대적인 세속주의의 전면 공격을 받았다. 우리 모두가 이 맹공격으로부터 교회를 보호하기 위하여 대열을 좁힐 필요를 느낀다. 그러나 우리가 대열을 좁히느라 믿음의 토대를 옮긴다면, 보호해야 할 복음주의 교회는 존재하지 않을 것이다.

어느 시대든 성경적인 정통 신앙에서의 이탈이 급속히 발생하며, 이에 대해 별다른 경고가 없을 수 있다. 바울이 갈라디아 교인이 복음에서 얼마나 "속히" 떠났는지를 언급할 때의 '**속히**'라는 말은 '쉽다'는 뜻을 내포한다. 즉 어떤 것이 속히 움직일 때, 그 움직임은 대체로 쉽게 이루어진다. 루터는 비텐베르크에서 교회에 관해 깊이 생각하면서 이렇게 말했다.

어떤 광신자는 복음의 이 복된 진행을 급하게 멈추고, 우리가 오랫동안 고된 수고로 세운 모든 것을 한순간에 뒤집을 수 있었다. 이런 일이 바울, 곧 그리스도의 택하신 그릇(행 9:15)에 일어났다. 그는 큰 수고와 괴로움을 겪으며 갈라디아교회를 얻었지만 그가 떠나고 얼마 되지 않아 이 서신과 그의 다른 서신이 입증하듯 거짓 사도들이 그들을 뒤집어 놓았다. 삶이 너무도 힘이 없고 비참하며 사탄의 올가미에 단단히 걸려들어 있기에, 신실한 사역자가 오랜 세월 밤낮 고되게 수고하여 세운 것을 한 명의 광신자가 단숨에 무너뜨리고 완전히 무효로 돌릴 수 있다. 우리는 오늘날의 비통한 체험으로 이것을 배우며 이 점에 관하여 우리가 할 수 있는 일은 없다.[5]

이와 같은 루터의 언급은 시사하는 바가 크다. 이는 그의 고뇌를 적나라하게 드러낸다. 낙망의 기미가 비친다. 그는 그토록 수고로운 일이 쉽게 무효로 돌아갈 수 있다는 사실에 좌절감을 드러낸다. 그리고 다음과 같은 경고를 덧붙인다.

교회는 너무 연약하고 여리며 쉽게 전복되므로, 우리는 이 광신자들을 항상 경계해야 한다. 왜냐하면 그들은 두 편의 설교를 듣거나 성경 두 쪽을 읽고 갑자기 모든 사람의 권위에 반대하며, 모든 제자와 선생의 스승임을 자임하기 때문이다. … 실제로 자신이 신앙의 교리를 깨닫고 있으며 시험을 이겨냈다고 생각하는 사람이라도 그들에 의하여 길을 잃는다.[6]

우리는 바울이 1세기에 경험하고 루터가 16세기에 경험했던 것을 우리 시대에 경험하고 있다. 그것은 바로 복음의 순수성에서 속히, 쉽게 떠나는 일이다.

패커는 논문에서 이런 질문을 던진다. "ECT가 실제로 주장하듯, 복음주의와 가톨릭의 초안 작성자가 구원의 복음에 관하여 의견을 같이한다고 사실적으로 주장할 수 있는가? 그럴 수도 있고 그렇지 않을 수도 있다."[7]

패커는 "작은 활자"와 관련한 대답에서 그렇지 않다고 확언한다. 그는 공로를 긍정하는 트렌트 공의회의 태도가 전가된 의를 긍정하는 종교개혁의 태도와 조화를 이룰 수 없다고 주장한다. 다음과 같은 측면에서 대답은 "그렇다."가 된다.

ECT의 주장이 성경의 그리스도와 신조와 신앙고백이 믿음의 올바른 초점이며, "기독교의 증거가 필연적으로 회개를 겨냥하되" 처음 단계뿐 아니라 개인의 인생 과정에서의 회개를 겨냥하며, 이것이 공유된 복음 전도 사역을 위한 구원의 복음의 충분한 이유가 된다는 뜻이라면 확실히 "그렇다" (복음에 관하여 의견을 같이한다)이다. 결국 구원을 가져오는 것은 그리스도나 칭의나 교회를 믿는 믿음에 관한 어떤 이론이 아니라 그리스도를 믿는 믿음 자체다. ECT를 공정하게 읽어보면 이론적 차원의 역사적 불일치를 긴급하게 다시 살펴야 할 필요가 있지만, 내게는 ECT가 시험을 통과하는 것처럼 보인다.[8]

나는 이 글보다 의문을 자아내는 글을 읽어본 적이 거의 없다. 이 글에 대한 첫 번째 질문은 이것이다. 어떤 신조와 어떤 신앙고백이 그리스도와 그분의 사역을 믿음의 올바른 초점으로 제시하는가?

패커는 웨스트민스터 신앙고백, 벨기에 신앙고백, 하이델베르크 교리문답과 같은 개혁파 신앙고백을 염두에 둔 것인가? 혹시 그가 개혁파 신앙고백과 근본적으로 다른 그리스도의 사역관을 제시하는 트렌트 공의회의 교회 법규와 교령을 이 신조와 신앙고백에 포함시키는 것은 아닌가? 트렌트 공의회의 회개관은 '공유된 복음 전도 사역을 위한 구원의 복음의 충분한 이유'를 제공하는가? 패커는 구원을 가져오는 것은 그리스도를 믿는 믿음 자체지 그리스도나 칭의나 교회를 믿는 믿음에 관한 이론이 아니라고 주장한다. 이는 사람들의 관심을 다른 데로 돌리는 것이다. 개혁파 중 누가 칭의는 오직 믿음으로 의롭다 하심을 얻는다는 교리를 믿는 믿음에 의한 것이라고 확언했는가? 누가 교리적 이론이 사람을 구원한다고 주장했는가? 로마 가톨릭이 절대적으로 거부하는 **솔라 피데**의 유일한 요점은 우리가 오직 예수 그리스도를 믿는 믿음으로 구원을 얻는다는 것이다. 쟁점은 '그리스도가 구원하는가, 교리가 구원하는가?'가 아니다. '공유된 믿음의 사명을 떠받쳐야 하는 복음이 무엇인가?'이다.

모든 사람이 로마 가톨릭 교회에 구원 얻은 그리스도인이 있으며 성경의 그리스도께 매달리고 성경의 복음을 믿으며 자신의 구원을 위하여 오직 그리스도만 의지하는 신자가 있다는 데 동의한다. 그들은 자신의 소속 기관은 부인해도 복음은 믿는 **솔라 피데이스트**(sola fideist, 오직 믿음으로 구원 얻는 것을 받아들이는 사람)다. 반면 복음주의 교회가 고백하고 전하는 복음을 믿지 않아서 구원을 얻지 못한 사람들이 복음주의 교회 안에도 많다.

패커는 그리스도를 믿는 믿음 자체를 말하지만 여전히 '**오직**'이라는 말이 없다. 사람이 그리스도와 그분의 사역과 공로를 믿으면 구원을 얻을 수 있는가? 이 질문에 "그렇다"고 대답할지라도 여전히 좀 더 깊은 문제에 직면하게 된다.

"우리는 **솔라 피데**를 저주하는 기관과 함께 신앙과 사명의 일치를 선언할 수 있는가?" **솔라 피데**가 복음의 본질이 아니고 단순히 '작은 활자'에 불과하다면 "그렇다"고 대답할 수 있다. 하지만 **솔라 피데**가 복음의 본질이라면 명확하게 아니라고 대답해야 한다.

다른 곳에서 패커는 복음주의와 로마 가톨릭의 견해가 "거의 조화될 수 없지만" 그만큼 이 문서가 선하다고 말한다. 이 언급은 나를 매우 당혹스럽게 한다. 두 견해가 거의 조화를 이룰 수 없다는 것은 그 견해들이 '간신히' 조화를 이룰 수 있다는 것과 동일하지 않다. 즉 두 견해가 어떤 점에서 다르다면 '간신히'라도 양립할 수 있지만 두 견해가 '거의 조화될 수 없다면' 이는 사실상 양립할 수 없고 근본적으로도 양립할 수 없음을 뜻한다. 패커는 두 견해가 양립할 수 없다고 하면서, 그만큼 이 문서가 선하고 "시험을 통과한다"고 생각하는 이유가 무엇인가? 오직 그만이 대답할 수 있다.

하나의 복음

나는 패커의 진술 중 한 부분에 강력하게 동의한다. "이론적 차원의 역사적 불일치를 긴급하게 다시 살펴야 한다." 역사적 불일치는 확실히 다시 살펴야 하며 그것은 긴급하다. ECT와 그에 따른 논쟁의 유익은 이 문서가 칭의의 쟁점을 다시 중앙 무대로 올려놓았다는 점이다. 논쟁이 늘 그렇듯, 이 논쟁은 모든 사람으로 하여금 관련 쟁점을 면밀히 살펴보게 할 것이다. 우리는 '복음이란 무엇인가?'라는 질문에 새롭게 초점을 맞추어야 한다.

이 일에 바울의 갈라디아서 1장 7절이 도움을 준다. "다른 복음은 없나니 다만 어떤 사람들이 너희를 교란하여 **그리스도의 복음을 변하게 하려 함이라**"(강조는 필자가 한 것이다).

바울은 앞에서 다른 복음을 언급했지만, 여기서는 실제로 다른 복음이 존재하지 않는다고 설명한다. 오직 하나의 복음이 있을 뿐이다. 루터는 "다른 복음"에 관한 바울의 언급을 반어적인 표현으로 본다. 사탄이 **광명의 천**

사처럼 나타나는(sub specie boni) 음모를 지적하면서 루터는 이단자들이 스스로를 이단자로 부르지 않음을 지적한다. 이단자는 자신의 가르침이 가능한 한 성경적인 체한다. 루터는 말한다. "그는 치명적인 독을 은혜의 교리와 하나님의 말씀과 그리스도의 복음인 것처럼 퍼뜨린다."9)

바울은 갈라디아 교인을 '교란하고' 복음을 '변하게 하려 하는' 자들을 언급한다. 어떤 의미에서 거짓 선생이 갈라디아 교인들을 교란했는가? 리더보스는 다음과 같이 진술한다. 이 맥락에서 "교란한다는 말은 영적 분열을 일으키고 신앙적 통찰을 흐리게 한다는 뜻이다."10)

루터는 이렇게 해석한다. "바울은 그들을 교회와 양심을 교란하는 자라고 부른다. 왜냐하면 그들은 수없이 많은 양심을 유혹하고 속이며 교회에 두려운 손해와 소란을 일으키기 때문이다. … 교회에는 항상 그런 논쟁과 정죄가 진행되고 있다. 복음의 교리가 번창할 때 특히 그렇다."11)

루터의 관심사는 바울의 관심사와 다르지 않다. 그것은 양 무리, 즉 하나님의 백성을 위한 관심사다. 루터는 다음과 같이 덧붙인다. "가련한 일반 신자들은 혼란스럽다. 그들은 이리저리 방황하며 어느 편을 택해야 할지, 누구를 따라가야 안전할지 염려하고 의심한다."12)

갈라디아교회에서 교란케 된 사람들이 직면한 문제는 거짓 선생의 유능함과 재능으로 더욱 복잡해졌다. 거짓 선생은 늑대의 가죽을 입은 양처럼 나타나지 않았다. 정반대였다. 루터는 다시금 지적한다. "만일 거짓 사도가 탁월한 은사와 큰 권위와 거룩한 모습을 지니지 않았다면, 그리고 그들이 자신을 그리스도의 사역자로, 사도의 제자로, 복음의 진실한 설교자로 주장하지 않았다면 바울의 권위를 그토록 쉽게 침해하고 갈라디아 교인들에게 감명을 줄 수 없었을 것이다."13)

바울은 거짓 선생이 복음을 변하게 한다고 강한 어조로 비난한다. 여기서 변하게 한다는 말은 '파괴한다'는 개념을 담고 있다. 변한 복음은 참된 복음을 파괴하기 때문이다. 칼빈은 다음과 같이 이야기한다.

그는 그리스도의 복음이 파괴되기를 바라며 그리스도께 해를 끼치려는 두 번째 범죄에 대해 그들을 비난한다. 이것은 매우 두려운 죄다. 왜냐하면 파괴는 부패보다 심한 것이기 때문이다. 또한 그는 합당한 이유로 그들을 비난한다. 사람을 의롭게 하는 영광이 다른 사람에게 전가되고 양심에 올가미가 놓일 때, 구주께서 더 이상 굳게 서지 못하시고 복음의 가르침이 파괴된다. 그러므로 우리는 언제나 복음의 중심 조항에 주의해야 한다. 그 조항들을 공격하는 자는 복음의 파괴자다.[14]

갈라디아서 1장 8절에서 바울의 논쟁은 최고조에 달한다. 쟁점의 비중을 강조하기 위하여 사도는 가상 시나리오를 제공한다. "그러나 우리나 혹 하늘로부터 온 천사라도 우리가 너희에게 전한 복음 외에 다른 복음을 전하면 저주를 받을지어다."

우리는 바울이 다른 복음을 전한다는 가설을 생각할 수 없는 일로 여긴다. 왜냐하면 우리는 바울이 성령의 영감을 받아 성경을 기록했으며 신적 계시의 대리자였다고 믿기 때문이다. 하지만 교회사를 통해 우리는 신학자들의 가르침에서 믿기 어려운 변화를 본다. 그래서 우리는 '초기' 아우구스티누스와 '후기' 아우구스티누스(그의 재고록 『Retractiones』에 따라), 초기 벌카우어와 후기 벌카우어를 구별한다. 이렇게 하는 것은 그들의 사고방식에 나타난 변화를 수용하기 위함이다.

바울은 자신이 이미 전한 복음을 어떤 방식으로 변하게 하면 하나님이 자신을 저주하실 것이라고 말했다. 그런 다음 하늘에서 온 천사가 전한 다른 복음이라는 가설적 경우를 언급한다. 바울은 복음을 변하게 하려는 천사는 오직 지옥에서 올 뿐 하늘에서 오지 않는다는 것을 잘 알았다. 바울이 과장법에 몰입한 것인지 몰라도 요점만은 분명하다. "만일 **누구라도…**." 요점은 바로 이것이다. 아무도, 심지어 천사라도 '다른' 복음을 전하면 용납될 수 없다. 지위와 신임장과 권위와 이전의 신뢰성이 있어도 다른 복음을 전한다면 그 모든 것은 아무것도 아니다.

칼빈은 다음과 같이 진술한다. "그러므로 바울이 천사라도 다른 것을 가르칠 경우 그에게 저주의 심판이 있을 거라 선언한 것은 비록 불가능한 주장이지만 불필요한 일은 아니다. 이런 과장은 바울의 설교의 권위를 증진시키는 데 도움을 주기 때문이다. 그는 자신과 자신의 가르침이 유명한 자에게 공격받는 것을 보았다. 하지만 그는 천사라도 복음을 압도할 능력을 갖고 있지 않다고 대답한다. 이는 천사에 대한 모독이 아니다."[15]

바울이 지적하는 가장 엄정한 요점은 다른 복음을 전하는 자들에게 그가 내리는 형벌이다. 그것은 단순한 책망이나 비난이나 훈계가 아닌 저주다. 이는 하나님만 내리시는 형벌이 아니라 교회도 표할 수 있는 것이다. 출교보다 훨씬 강한 것이다. 루터는 말한다. "여기서 바울은 불을 토하고 있다. … 이는 강렬한 열정으로, 그는 자신과 자기 형제뿐 아니라 하늘에서 온 천사까지도 담대하게 저주할 수 있는 용기를 갖고 있다. 헬라어 **아나데마** (anathema)는 … 저주받고 지긋지긋하고 경멸할 만한 것, 하나님과 아무 관계나 관여나 교류를 갖지 않는 것을 뜻한다."[16]

이 저주의 선언이 충분치 않았는지 바울은 자신의 말을 다시 반복한다.

이는 강력한 강조점을 전달하는 히브리 문학의 특징이다. "우리가 전에 말하였거니와 내가 지금 다시 말하노니 만일 누구든지 너희가 받은 것 외에 다른 복음을 전하면 저주를 받을지어다"(갈 1:9). 이 구절은 거의 동의 반복이다. 그러나 한 가지 사소한 변화에 관하여 주석할 필요가 있다. 8절에서 바울은 자신과 천사에 대한 저주를 말한 반면, 9절에서는 다른 복음을 전하는 모든 자에게 저주를 적용하여 그것을 보편적인 것으로 만든다.

동기의 문제

그런 다음 바울은 이 논쟁에서 자신의 동기에 관한 문제에 관심을 돌린다. "이제 내가 사람들에게 좋게 하랴 하나님께 좋게 하랴 사람들에게 기쁨을 구하랴 내가 지금까지 사람들의 기쁨을 구하였다면 그리스도의 종이 아니니라"(갈 1:10).

이 말씀을 기록한 사도는 모든 사람에게 모든 것이 되기 원했으며 가능한 한 모든 사람과 인간적으로 평화롭게 살려고 결심한 사람이다. 그러나 바울은 복음을 변질시키는 사람과 평화롭게 살 수 없음을 발견했다. 복음과 칭의의 본질에 관한 이 논쟁에서 바울은 사람을 기쁘게 하는 자가 되기를 원치 않았다. 그는 복음이 문제가 될 때 타협 정책을 펼 시간이 없었다. 그는 그리스도를 신실하게 섬기면서 사람을 기쁘게 할 수 없는 상황이었다.

루터는 다음과 같이 지적한다. "나는 그들이 행위나 할례가 아니라 오직 은혜와 그리스도를 믿는 믿음으로 의롭게 된다고 선언한다. 이렇게 전하기 때문에 나는 사람들의 쓰라린 미움을 산다. … 누구든지 하나님을 기쁘시게 하려는 자는 사람들의 지독한 원수가 될 것이다."[17]

칼빈은 이렇게 덧붙인다. "그런 야심이 우리의 마음을 다스리므로 사람을 기쁘게 하려고 말을 꾸미려 할 때, 우리는 진실하게 가르칠 수 없다. … 또한 자신의 목적을 위해 참된 교리를 포기하는 사람들은 결코 만족할 수 없다."[18]

어떤 점에서든 복음을 두고 타협하지 않으려 했던 사역자는 하나같이 원수의, 심지어 친구의 분노와 독설을 받았다. 바울이나 루터나 칼빈이나 에드워즈나 그 밖의 그리스도와 복음에 신실했던 그리스도의 모든 종이 그러했다. 그들은 고집쟁이, 소란자, 분열자, 불관용자 등 많은 모욕적인 이름으로 불렸다. 그들의 인격과 명성이 악의적인 공격을 받았다. 그러나 그들은 명성을 기꺼이 잃어버리고 구주를 따랐다. 하나님께 충성하기 위해 필요하다면 아예 명성을 포기하고 그렇게 했다.

우리 모두에게는 분명 잘못된 완고함과 거역의 성향이 도사리고 있다. 이런 비타협적 정신은 육신에 속한 것일 뿐 덕이 아니다. 오류를 고집하고 굽히지 않는 것은 죄다. 그러나 복음의 진리를 타협하지 않는 것은 덕이며 그리스도의 종이 되려는 모든 자에게 요구되는 것이다.

바울은 복음의 가르침에서 비타협적이다. 이것이 자신의 복음이나 교리나 견해여서가 아니다. 그는 자신이 싸워서 수호하고자 하는 복음이 그리스도의 것이므로 타협을 거부한다. 이것은 단순히 그리스도**에 관한** 복음이 아니라 그리스도**로부터** 온 복음이다. "형제들아 내가 너희에게 알게 하노니 내가 전한 복음은 사람의 뜻을 따라 된 것이 아니니라 이는 내가 사람에게서 받은 것도 아니요 배운 것도 아니요 오직 예수 그리스도의 계시로 말미암은 것이라"(갈 1:11 - 12).

역사적 복음주의 신학이 그리스도의 복음에 대한 왜곡이라면 오늘날의 복음주의 붕괴는 좋은 일이 될 수 있다. 그러나 만일 역사적 복음주의가 참된 복음을 붙들고 있다면, 현재의 복음주의 약화는 교회에 심각한 불행이 된다.

패커는 '크리스채너티 투데이'에서 ECT의 반대를 자극했던 두려움에 관하여 말했다. "나는 당연히 몇몇 개신교도가 이 문서에 관하여 차갑고 왜곡되고 무시무시하고 공포에 짓눌린 이야기를 할 거라 예상했다. 가령 이 문서가 종교개혁을 배반한다는 것 등이다."[19]

패커는 자비롭게도 그 이름을 거론하지 않았다. 나는 얼마나 많은 사람이 ECT가 "종교개혁을 배반한다"고 말했는지 알지 못한다. 나는 인쇄물에서 이 문서가 "종교개혁을 사소한 것으로 만들었다"고 말했다. 그리고 다른 곳에서는 나의 신념대로 이 문서가 종교개혁을 배반한다고 말했다.

그러나 보다 중요한 것은 복음을 배반하는 문제다. 나는 종교개혁을 이상화하는 덫에 빠지기 쉽다. 나는 종교개혁의 핵심이 **솔라 피데** 복음에 대한 회복과 영웅적 변호였다고 믿는다. 하지만 ECT가 일치된 믿음을 긍정하는 것이 옳다면, 종교개혁자에 대한 나의 충성이 이 문서에 대한 나의 반대를 정당화시킬 수 없다. 어떤 교회 전통도 양심을 구속할 수 없지만 하나님의 말씀은 양심을 구속해야 하며, 다른 모든 것보다 우선적으로 따라야 한다.

이것은 분명 바울의 주된 관심사였다. 당시의 유대주의자 이단은 그리스도의 몸의 일치를 심각하게 위협하여 바울과 베드로가 대결하지 않으면 안 되게 만들었다. 베드로보다 뛰어난 자격을 가진 자가 누구인가? 하지만 사도 베드로는 복음을 두고 타협하는 위험에 빠져 있었다. 이에 대해 바울은 갈라디아서 2장에서 다음과 같이 설명한다.

게바가 안디옥에 이르렀을 때에 책망받을 일이 있기로 내가 그를 대면하여 책망하였노라 야고보에게서 온 어떤 이들이 이르기 전에 게바가 이방인과 함께 먹다가 그들이 오매 그가 할례자들을 두려워하여 떠나 물러가매 남은 유대인들도 그와 같이 외식하므로 바나바도 그들의 외식에 유혹되었느니라 그러므로 나는 그들이 복음의 진리를 따라 바로 행하지 아니함을 보고 모든 자 앞에서 게바에게 이르되 네가 유대인으로서 이방인을 따르고 유대인답게 살지 아니하면서 어찌하여 억지로 이방인을 유대인답게 살게 하려느냐 하였노라(갈 2:11-14).

사도적 일치를 심히 위협했던 이 사건은 순수한 복음에 관한 것이었다. 바울은 베드로의 잘못을 지적하는 동기와 이유를 다음과 같이 제시한다.

우리는 본래 유대인이요 이방 죄인이 아니로되 사람이 의롭게 되는 것은 율법의 행위로 말미암음이 아니요 오직 예수 그리스도를 믿음으로 말미암는 줄 알므로 우리도 그리스도 예수를 믿나니 이는 우리가 율법의 행위로써가 아니고 그리스도를 믿음으로써 의롭다 함을 얻으려 함이라 율법의 행위로써는 의롭다 함을 얻을 육체가 없느니라(갈 2:15-16).

바울은 공개적으로 베드로를 책망했다. 그의 죄가 공개적인 것이었기 때문이다. 우리가 성경의 다른 부분에서 알게 되듯이, 베드로는 바울의 바로잡음을 수용하고 겸손히 순종하는 마음으로 돌이켜 평생 복음의 옹호자로 살았다. 칼빈은 바울이 이 문제에 침묵했다면 그의 가르침 전체가 무너졌을 것이라고 주장했다. "이는 인간사의 문제가 아니라 복음의 순수성과 관련되었다. 복음이 유대인의 누룩에 오염될 위험에 처해 있었던 것이다."[20]

또한 칼빈은 로마 가톨릭이 이 논쟁을 단순히 의식에 관한 것으로 보려는 시도를 지적했다.

> 그들은 아무도 율법의 행위로 의롭다 하심을 얻지 못하지만 행위의 공로로 하나님 앞에서 의인으로 간주된다고 주장함으로써 비롯되는 부조리함을 전혀 알지 못한다. 요컨대 그들은 이것이 도덕적 행위를 가리키지 않는다고 주장한다. 그러나 문맥상 이 말씀에는 도덕법도 포함되어 있다. 바울이 덧붙이는 거의 모든 것이 의식법보다 도덕법과 관계있기 때문이다. 그러므로 바울은 율법의 의와 다시금 하나님께서 우리에게 기꺼이 호의를 베푸사 거저 받아주시는 것을 계속 대조한다.[21]

갈라디아서의 이 단락에 대한 칼빈의 결론적 요약은 이 책의 요약이라고도 할 수 있다. "그러므로 이 명제가 배타적이라는 것과 우리가 믿음 외의 것으로는 의롭다 하심을 얻지 못한다는 사실, 다시 말해 우리가 오직 믿음으로 의롭다 하심을 얻는다는 사실을 확고하게 견지하라."[22]

솔라 그라티아(Sola gratia)
솔라 피데(Sola fide)
솔리 데오 글로리아(Soli Deo gloria)

주

시작하는 글

1) *Berean Call*(September 1994)에서 인용함.
2) 가령 *Christian Spirituality:Five Views of Sanctification*에서 러셀 스피틀러(Russell Spittler, 풀러신학교)와 로렌스 우드(Lawrence Wood, 애즈베리신학교)와 글렌 힌슨(Glenn Hinson, 남침례교신학교)은 종교개혁을 단행한 기독교보다 중세 로마 가톨릭에 더욱 일치하는 칭의와 성화에 관한 견해를 대변한다. 스피틀러는 오순절주의의 펠라기우스주의적 경향을 반영하면서 칭의에 관한 루터의 가르침이 "내가 보기에 잘못되었다"고 말했고 또한 "나는 그 가르침이 참이기를 소망한다. 단지 그렇지 않을까봐 두려울 뿐이다"(p.43)라고 쓰고 있다. 싱클레어 퍼거슨(Sinclair Ferguson, 웨스트민스터신학교)과 게르하르트 포드(Gerhard Forde, 루터북서신학교)만이 전통적인 복음주의 견해를 취한다. Donald L. Alexander, ed., *Christian Spirituality:Five Views of Sanctification* (Downers Grove, Ill.:Inter-Varsity, 1988).

1. 흑암 가운데 빛

1) Harold Lindsell, *The Battle for the Bible*(Grand Rapids: Zondervan, 1976).
2) 이 논쟁에 관한 좀 더 완벽한 개요를 알려면 다음을 보라. R. Alan Day, *Lordship:What Does It Mean?* (Nashville: Broadman, 1993); Kenneth L. Gentry Jr., *Lord of the Saved:Getting to the Heart of the Lordship Debate* (Phillipsburg, N. J.: P & R, 1992); Zane C. Hodges, *Absolutely Free! A Biblical Reply to Lordship Salvation* (Grand Rapids, Mich.: Zondervan, 1989); and John F. MacArthur Jr., *Faith Works* (Dallas: Word, 1993).
3) *Evangelicals and Catholics Together(ECT): The Christian Mission in the Third Millennium*, ECT, 1994년 3월 29일에 발표됨. 다음 주소에서 얻을 수 있음: BASIC

Truth Ministries, P.O. Box 504M, Bay Shore, NY 11706. 또한 *First Things* (May 1994): 15−22에 인쇄되어 있음.
4) Ibid., 1.
5) Ibid.
6) Ibid., 2.
7) Ibid., 5.
8) Henricus Denzinger, ed., *Enchiridion symbolorum: Definitionum et declarationum de rebus fidei et morum*, 32nd ed.(Barcelona: Herder, 1963), 577.

2. 복음주의자와 가톨릭교도: 협력인가 대화인가?

1) *Evangelicals and Catholics Together: The Christian Mission in the Third Millennium*, 5.
2) Ibid., 10.
3) Ibid.
4) Ibid., 8.
5) Ibid., 9.
6) *Resolutions for Roman Catholic and Evangelical Dialogue*(마이클 호튼이 작성하고 제임스 패커가 교정함). 다음 주소에서 구할 수 있음: Christians United for Reformation, 2568 E. Riles Circle, Anaheim, CA 92806. 또한 *Modern Reformation* (July 1994): 28−29에 인쇄되어 있음.
7) *Evangelicals and Catholics Together*, 11−12.
8) *Resolutions for Roman Catholic and Evangelical Dialogue*, p. 1. 강조한 부분은 필자의 의도임.
9) Ibid., 2.

3. 보름스의 위기

1) Henricus Denzinger, ed., *Enchiridion symbolorum: Definitionum et declarationum de rebus fidei et morum* (Barcelona: Herder, 1963), 357−58.
2) Clyde L. Manschreck, ed., *A History of Christianity: Readings in the History of the Church*, vol. 2, *The Church from the Reformation to the Present* (Grand Rapids, Mich.: Baker, 1981), 29.
3) Harold J. Grimm, *The Reformation Era:1500-1650* (New York: Macmillan, 1954), 137.

4) Gordon Rupp, *Luther's Progress to the Diet of Worms* (New York: Harper and Row, 1964), 95.
5) Ibid., 94.
6) Ibid., 95. 인용된 첫 편지는 1521년 4월 7일자였다. 두 번째는 1521년 4월 14일자였다.
7) Manschreck, ed., *A History of Christianity*, 29.
8) Heiko A. Oberman, *Luther: Man between God and the Devil*, trans. Eileen Walliser-Schwarzbart (New Haven: Yale University, 1989), 38.
9) Ibid.
10) Rupp, *Luther's Progress*, 96.
11) Manschreck, ed., *A History of Christianity*, 52–53.
12) Ibid., 2:29–30.
13) Ibid., 2:31.
14) Ibid.
15) Rupp, *Luther's Progress*, 98.
16) Manschreck, ed., *A History of Christianity*, 32.
17) Ibid.
18) Roland H. Bainton, *Here I Stand: A Life of Martin Luther*(『마르틴 루터의 생애』, 생명의말씀사), 64.
19) Ibid., 15.
20) Rupp, *Luther's Progress*, 23.
21) Manschreck, ed., *A History of Christianity*, 4.
22) Bainton, *Here I Stand*, 49–50.
23) Rupp, *Luther's Progress*, 51.
24) Harold Grimm, *The Reformation Era*, 107.
25) Rupp, *Luther's Progress*, 51.
26) Manschreck, ed., *A History of Christianity*, 5.
27) Oberman, *Luther*, 188.
28) Grimm, *The Reformation Era*, 109.
29) Manschreck, ed., *A History of Christianity*, 15.
30) Oberman, *Luther*, 190–91.
31) Ibid., 191.
32) Manschreck, ed., *A History of Christianity*, 19.
33) Oberman, *Luther*, 196.
34) Rupp, *Luther's Progress*, 69.

4. 칭의와 믿음

1) Martin Luther, *What Luther Says:An Anthology*, ed. Ewald M. Plass, 3 vols. (St. Louis: Concordia, 1959), 2:704n5.
2) Ibid., 2:703.
3) Ibid.
4) John Calvin, *Institutes of the Christian Religion*, 2 vols., trans. Henry Beveridge (1845; repr., Grand Rapids: Eerdmans, 1964), 2:37 (3.11.1).
5) J. I. Packer, "Introductory Essay," in James Buchanan, *The Doctrine of Justification: An Outline of Its History in the Church and of Its Exposition from Scripture* (1867; repr., London:Banner of Truth, 1961), vii.
6) Ibid., pp. viii, ix.
7) Ayn Rand, *Atlas Shrugged* (New York:Random, 1957).
8) Luther, *What Luther Says*, 2:710−11.
9) Ibid., 1:465.
10) Herman Witsius, *Sacred Dissertations on What Is Commonly Called the Apostles' Creed*, trans. Donald Fraser, 2 vols. (1823; repr., Phillipsburg, N.J.: P&R, 1993), 1:42−43.
11) Francis Turretin, *Institutes of Elenctic Theology*, vol. 2, *Eleventh through Seventeenth Topics*, trans. George Musgrave Giger, ed. James T. Dennison Jr. (Phillipsburg, NJ: P&R, 1994), 561.
12) Luther, *What Luther Says*, 1:474.
13) Ibid., 1:487.
14) Ibid., 1:487−88.
15) Jonathan Edwards, *Freedom of the Will* (1754; repr., New Haven: Yale University, 1957).
16) Turretin, *Institutes of Elenctic Theology*, 562.
17) Ibid.
18) Witsius, *Sacred Dissertations*, 1:48.
19) Turretin, *Institutes of Elenctic Theology*, 562.
20) Witsius, *Sacred Dissertations*, 1:49.
21) Turretin, *Institutes of Elenctic Theology*, 563.
22) Witsius, *Sacred Dissertations*, 1:51.
23) Turretin, *Institutes of Elenctic Theology*, 563.
24) Witsius, *Sacred Dissertations*, 1:57.
25) Ibid.

5. 전가된 의: 복음적 입장

1) *Canons and Decrees of the Council of Trent: Original Text with English Translation*, trans. H. J. Schroeder (London: Herder, 1941), 33.
2) Alister E. McGrath, *Iustitia Dei: A History of the Christian Doctrine of Justification*, 2 vols. (Cambridge: Cambridge University, 1986), 1:9.
3) Ibid., 1:2.
4) Ibid., 1:30—31.
5) Ibid., 1:31.
6) James Buchanan, *The Doctrine of Justification: An Outline of Its History in the Church and of Its Exposition from Scripture* (1867; reprint, London: Banner of Truth, 1961), 226.
7) Ibid., 226—27.
8) Francis Turretin, *Institutes of Elenctic Theology, vol. 2, Eleventh through Seventeenth Topics*, trans. George Musgrave Giger, ed. James T. Dennison Jr. (Phillipsburg, NJ: P&R, 1994), 634.
9) John Calvin, *Institutes of the Christian Religion*, 2 vols., trans. Henry Beveridge (1845; repr., Grand Rapids: Eerdmans, 1964), 2:37 (3.11.1).
10) Ibid., 2:37—38 (3.11.2).
11) Ibid., 2:38 (3.11.2).
12) Ibid.
13) Ibid., 2:39 (3.11.3).
14) Ibid.
15) Turretin, *Institutes of Elenctic Theology*, 647.
16) Ibid., 651.
17) Calvin, *Institutes of the Christian Religion*, 2:58 (3.11.23).
18) G. C. Berkouwer, *Geloof en Rechtvaardiging*, Dogmatische Studiën (Kampen:Kok, 1949), pp. 87—88. Translation mine. see also *Faith and Justification*, trans. Lewis B. Smedes, Studies in Dogmatics (Grand Rapids: Eerdmans, 1954), 87—88.
19) Buchanan, *The Doctrine of Justification*, 334—35.
20) Ibid., 318.
21) Ibid., 326.
22) Berkouwer, *Geloof en Rechtvaardiging*, p. 92. Translation mine. see also *Faith and Justification*, 91.
23) Alister E. McGrath, *Justification by Faith: What It Means for Us Today*(『이신칭의』, 생명의말씀사), 61.

24) John H. Gerstner, "Aquinas Was a Protestant," *Tabletalk* 18 (May 1994): 52. Michael Root, "Alister McGrath on Cross and Justification," *The Thomist* 54 (October 1990): 710.
25) Gerstner, "Aquinas Was a Protestant," 14—15. Kenneth J. Foreman, "Soteriology," in Lefferts A. Loetscher, ed., *Twentieth Century Encyclopedia of Religious Knowledge*, 2 vols. (Grand Rapids: Baker, 1955), 2:1050.
26) McGrath, *Justification by Faith*, 71.

6. 주입된 의: 가톨릭의 입장

1) Hans Küng, *Rechtfertigung: Die Lehre Karl Barths und eine katholische Besinnung* (Einsiedeln:Johannes, 1957), 109. Translation mine. ("*Die allermeisten dogmatischen Definitionen sind* polemische Formeln, *ausgesprochen gegen Häresien, Verteidigungsdämme gegen den Irrtum*")
2) G. C. Berkouwer, *Vatikaans Concilie en Nieuwe Theologie* (Kampen: Kok, 1964), 231. Cf. *The Second Vatican Council and the New Catholicism*, trans. Lewis B. Smedes (Grand Rapids: Eerdmans, 1965), 188.
3) Berkouwer, *Vatikaans Concilie*, p. 235. Cf. *The Second Vatican Council*, 191.
4) *Canons and Decrees of the Council of Trent: Original Text with English Translation*, trans. H. J. Schroeder (London: Herder, 1941), 31. 강조는 필자가 한 것.
5) Berkouwer, *Vatikaans Concilie*, 239; The Second Vatican Council, 194.
6) *Canons and Decrees of the Council of Trent*, 21ff.
7) Ibid., 34—35.
8) Ibid., 313.
9) Ibid., 39.
10) *Catechism of the Catholic Church*(Liguori, MO: Liguori, 1994), 482, par. 1992.
11) *Canons and Decrees of the Council of Trent*, 40.
12) John Calvin, *Acts of the Council of Trent:With the Antidote*, ed. and trans. Henry Beveridge (1851), in *Selected Works of John Calvin: Tracts and Letters*, ed. Henry Beveridge and Jules Bonnet, 7 vols. (Grand Rapids: Baker, 1983), 3:121—22. 강조는 필자가 한 것.
13) Ibid., 3:122.
14) *Canons and Decrees of the Council of Trent*, 41.
15) *Evangelicals and Catholics Together: The Christian Mission in the Third Millennium*, 5.

16) *Canons and Decrees of the Council of Trent*, 41.
17) Ibid., 42.
18) Ibid., 43.
19) Calvin, *Acts of the Council of Trent*, 3:152.
20) *Canons and Decrees of the Council of Trent*, 43.
21) Calvin, *Acts of the Council of Trent*, 3:151.
22) *Canons and Decrees of the Council of Trent*, 43.
23) Calvin, *Acts of the Council of Trent*, 3:151-52.
24) *Canons and Decrees of the Council of Trent*, 270.

7. 공로와 은혜

1) Adolph Harnack, *History of Dogma*, 7 vols., trans. James Millar (New York: Dover, 1961), 5:173.
2) Ibid., 5:175.
3) Ibid., 5:204-5.
4) Thomas Aquinas, *Nature and Grace; Selections from the "Summa theologica" of Thomas Aquinas*, ed. and trans. A. M. Fairweather, Library of Christian Classics, vol. 11 (London: SCM / Philadelphia: Westminster, 1954), 137-56. *Summa theologica*, 12ae, Q. 109, Art. 1-10.
5) Thomas Aquinas, *Nature and Grace*, 157. *Summa theologica*, 12ae, Q. 110, Art. 1.
6) Thomas Aquinas, *Nature and Grace*, 167. *Summa theologica*, 12ae, Q. 111, Art. 2.
7) Thomas Aquinas, *Nature and Grace*, p. 169. *Summa theologica*, 12ae, Q. 111, Art. 3.
8) *Canons and Decrees of the Council of Trent: Original Text with English Translation*, trans. H. J. Schroeder (London: Herder, 1941), 31-32.
9) G. C. Berkouwer, *The Conflict with Rome*, trans. David H. Freeman (Philadelphia: Presbyterian and Reformed, 1958), 77. Cf. Herman Bavinck, *Gereformeerde Dogmatiek*, 2d ed., 4 vols. (1911), 3:509.
10) Berkouwer, *The Conflict with Rome*, 80.
11) Ibid., 82.
12) Ibid., 84. Cf. John Calvin, *Institutes of the Christian Religion*, 2 vols., trans. Henry Beveridge (1845; reprint, Grand Rapids: Eerdmans, 1964), 2.2.7.
13) *Catechism of the Catholic Church* (Liguori, Mo.: Liguori, 1994), 485, par. 2003.
14) See. G. C. Berkouwer, *Verdienste of Genade? Rede ter Gelegenheid van de Achtenzeventigste Herdenking van de Stichting der Vrije Universiteit op Maandag

20 *Oktober 1958 Uitgesproken door de Rector Magnificus* (Kampen: Kok, 1958), 22−24.

15) John Calvin, *Acts of the Council of Trent: With the Antidote*, ed. and trans. Henry Beveridge (1851), in *Selected Works of John Calvin: Tracts and Letters*, ed. Henry Beveridge and Jules Bonnet, 7 vols. (Grand Rapids: Baker, 1983), 3:111. Augustine, *On the Merits and Forgiveness of Sins and On Rebuke and Grace*.

16) *Calvin, 2Acts of the Council of Trent*, 3:113.

17) Berkouwer, *Verdienste of Genade?* 38.

18) *Catechism of the Catholic Church*, 370, par. 1471.

19) Ibid. 첫째 문단은 파울루스 6세의 글 apostolic constitution, *Indulgentiarum doctrina*, Norm 1에서, 둘째 문단(첫 문장)은 Ibid., Norm 2에서 인용함.

20) *Catechism of the Catholic Church*, 370, par. 1472.

21) Ibid., 371, pars. 1475−76.

22) Ibid., 371, par. 1477. 파울루스 6세의 글 apostolic constitution, *Indulgentiarum doctrina*, 5에서 인용함.

23) *Canons and Decrees of the Council of Trent*, 90−91.

24) Ibid., 97.

25) Ibid.

26) Ibid., 98.

27) Ibid.

28) Ibid.

29) *Calvin, Acts of the Council of Trent*, 3:140−41.

30) Donald Bloesch, "Is Spirituality Enough? Differing Models for Living," in John Armstrong, ed., *Roman Catholicism: Evangelical Protestants Analyze What Divides and Unites Us* (Chicago: Moody, 1994), 151.

31) John Calvin, *The Epistles of Paul the Apostle to the Galatians, Ephesians, Philippians and Colossians*, ed. David W. Torrance and Thomas F. Torrance, trans. T. H. L. Parker (Edinburgh: Oliver and Boyd; Grand Rapids: Eerdmans, 1965), 125. 에베소서 1:4에 대한 주.

32) James Buchanan, *The Doctrine of Justification: An Outline of Its History in the Church and of Its Exposition from Scripture* (1867; repr., London: Banner of Truth, 1961), 90.

33) *Catechism of the Catholic Church*, 486, pars. 2007−8.

34) Ibid., p. 487, par. 2009. Augustine, *Sermons* 298.4−5에서 인용함.

35) Thomas Aquinas, *Nature and Grace*, p. 207. *Summa theologica*, 12ae, Q. 114, Art. 3.

36) Hans Küng, *Rechtfertigung: Die Lehre Karl Barths und eine katholische Besinnung* (Einsiedeln: Johannes, 1957), 263.
37) Martin Luther, *What Luther Says:An Anthology*, ed. Ewald M. Plass, 3 vols. (St. Louis: Concordia, 1959), 2:921.
38) Ibid., 2:922.
39) John Calvin, *Institutes of the Christian Religion*, 2:91 (3.15.2).

8. 믿음과 행위

1) *Canons and Decrees of the Council of Trent: Original Text with English Translation*, trans. H. J. Schroeder (London: Herder, 1941), 45.
2) John Calvin, *Acts of the Council of Trent: With the Antidote*, ed. and trans. Henry Beveridge (1851), in *Selected Works of John Calvin: Tracts and Letters*, ed. Henry Beveridge and Jules Bonnet, 7 vols. (Grand Rapids: Baker, 1983), 3:158.
3) *Canons and Decrees of the Council of Trent*, 46.
4) Calvin, *Acts of the Council of Trent*, 3:162.
5) Martin Luther, *What Luther Says:An Anthology*, ed. Ewald M. Plass, 3 vols.(St. Louis: Concordia, 1959), 3:1507.
6) *Canons and Decrees of the Council of Trent*, 45.
7) Calvin, *Acts of the Council of Trent*, 3:158.
8) John Calvin, *Institutes of the Christian Religion*, 2 vols., trans. Henry Beveridge (1845; repr., Grand Rapids: Eerdmans, 1964), 2:98-99 (3.16.1).
9) Ibid., 2:99 (3.16.1).
10) *Canons and Decrees of the Council of Trent*, 36.
11) Calvin, *Institutes of the Christian Religion*, 2:55 (3.11.19).
12) Ibid.
13) Luther, *What Luther Says*, 2:707-8.
14) G. C. Berkouwer, *Geloof en Rechtvaardiging*, Dogmatische Studiën (Kampen: Kok, 1949), 131. 번역문은 필자의 것임. 또한 *Faith and Justification*, trans. Lewis B. Smedes, Studies in Dogmatics (Grand Rapids: Eerdmans, 1954), 131.
15) Calvin, *Institutes of the Christian Religion*, 2:114 (3.17.11).
16) Ibid., 2:115 (3.17.12).
17) Gottlob Schrenk, *"Dikaiosynē," Theological Dictionary of the New Testament*, ed. Gerhard Kittel, trans. and ed. Geoffrey W. Bromiley, vol. 2 (Grand Rapids: Eerdmans, 1964), 201.

18) Zane C. Hodges, *Absolutely Free! A Biblical Reply to Lordship Salvation* (Grand Rapids: Zondervan, 1989), 125.
19) Zane C. Hodges, *Dead Faith:What Is It?* (Dallas: Redención Viva, 1987), 7. 다음 책에 인용됨. John F. MacArthur Jr., *Faith Works: The Gospel According to the Apostles* (Dallas: Word, 1993), p. 155n25.
20) D. A. Carson, *Exegetical Fallacies* (Grand Rapids: Baker, 1984), 137. MacArthur, *Faith Works*, 155n25에 인용됨.
21) Alexander Ross, *The Epistles of James and John*, New International Commentary on the New Testament (Grand Rapids: Eerdmans, 1954), 53n12. 야고보서 2:20에 대한 주석.
22) Calvin, *Institutes of the Christian Religion*, 2:115 (3.17.12).
23) Charles Hodge, *A Commentary on Romans*, rev. ed. (1909; repr., London: Banner of Truth, 1972), 100. 로마서 3:28에 대한 주석.
24) Ibid.
25) Charles C. Ryrie, *So Great Salvation: What It Means to Believe in Jesus Christ* (Wheaton: Victor, 1989), 45.
26) Hodges, *Absolutely Free!* 160.
27) Ibid., p. 145. Calvin, *Institutes of the Christian Religion*, 3.3.5.
28) Calvin, *Institutes of the Christian Religion*, 1:509-10 (3.3.1).
29) Ibid., 1:509 (3.3.1).
30) Ibid., 1:512 (3.3.5).
31) Hodges, *Absolutely Free!* 145-46.

9. 다른 복음은 없다

1) Herman N. Ridderbos, *The Epistle of Paul to the Churches of Galatia*, trans. Henry Zylstra, New International Commentary on the New Testament (Grand Rapids: Eerdmans, 1953), 46. 갈라디아서 1:6-9에 대한 주석.
2) Martin Luther, *Lectures on Galatians* (1535), ed. and trans. Jaroslav Pelikan, 2 vols., *Luther's Works*, vols. 26-27 (St. Louis: Concordia: 1963-64), 26:44. 갈라디아서 1:6에 대한 주석.
3) John Calvin, *The Epistles of Paul the Apostle to the Galatians, Ephesians, Philippians, and Colossians*, ed. David W. Torrance and Thomas F. Torrance, trans. T. H. L. Parker (Edinburgh: Oliver and Boyd; Grand Rapids: Eerdmans, 1965), 13. 갈라디아서 1:6에 대한 주석.

4) Ridderbos, *The Epistle of Paul to the Churches of Galatia*, 47. 갈라디아서 1:6에 대한 주석.
5) Luther, *Lectures on Galatians, LW* 26:45. 갈라디아서 1:6에 대한 주석.
6) Ibid., 26:45-46. 갈라디아서 1:6에 대한 주석.
7) J. I. Packer, "Why I Signed It," *Christianity Today*, 12 December 1994, 36-37. 강조는 필자가 한 것.
8) Ibid., 37.
9) Luther, *Lectures on Galatians, LW* 26:49. 갈라디아서 1:6에 대한 주석.
10) Ridderbos, *The Epistle of Paul to the Churches of Galatia*, 49. 갈라디아서 1:7에 대한 주석.
11) Luther, *Lectures on Galatians, LW* 26:51. 갈라디아서 1:7에 대한 주석.
12) Ibid.
13) Ibid., 26:52. 갈라디아서 1:7에 대한 주석.
14) Calvin, *The Epistles of Paul the Apostle*, 14. 갈라디아서 1:7에 대한 주석.
15) Ibid., 15. 갈라디아서 1:8에 대한 주석.
16) Luther, *Lectures on Galatians, LW* 26:55. 갈라디아서 1:8에 대한 주석.
17) Ibid., 26:59-60. 갈라디아서 1:10에 대한 주석.
18) Calvin, *The Epistles of Paul the Apostle*, 17. 갈라디아서 1:10에 대한 주석.
19) Packer, "Why I Signed It," 34.
20) Calvin, *The Epistles of Paul the Apostle*, 36. 갈라디아서 2:14에 대한 주석.
21) Ibid., 38. 갈라디아서 2:15에 대한 주석.
22) Ibid., 39. 갈라디아서 2:16에 대한 주석.

사명선언문

너희가 흠이 없고 순전하여……세상에서 그들 가운데 빛들로
나타내며 생명의 말씀을 밝혀 _ 빌 2:15-16

1. 생명을 담겠습니다
만드는 책에 주님 주신 생명을 담겠습니다.
그 책으로 복음을 선포하겠습니다.

2. 말씀을 밝히겠습니다
생명의 근본은 말씀입니다.
말씀을 밝혀 성도와 교회의 성장을 돕겠습니다.

3. 빛이 되겠습니다
시대와 영혼의 어두움을 밝혀 주님 앞으로 이끄는
빛이 되는 책을 만들겠습니다.

4. 순전히 행하겠습니다
책을 만들고 전하는 일과 경영하는 일에 부끄러움이 없는
정직함으로 행하겠습니다.

5. 끝까지 전파하겠습니다
모든 사람에게, 땅 끝까지, 주님 오시는 그날까지
복음을 전하는 사명을 다하겠습니다.

서점 안내

광화문점 서울시 종로구 새문안로 69 구세군회관 1층
  02)737-2288(T) 02)737-4623(F)

강남점 서울시 서초구 신반포로 177 반포쇼핑타운 3동 2층
  02)595-1211(T) 02)595-3549(F)

구로점 서울시 구로구 시흥대로 577 3층
  02)858-8744(T) 02)838-0653(F)

노원점 서울시 노원구 동일로 1366 삼봉빌딩 지하 1층
  02)938-7979(T) 02)3391-6169(F)

분당점 경기도 성남시 분당구 황새울로 315 대현빌딩 3층
  031)707-5566(T) 031)707-4999(F)

신촌점 서울시 마포구 서강로 144 동인빌딩 8층
  02)702-1411(T) 02)702-1131(F)

일산점 경기도 고양시 일산서구 중앙로 1391 레이크타운 지하 1층
  031)916-8787(T) 031)916-8788(F)

의정부점 경기도 의정부시 청사로47번길 12 성산타워 3층
  031)845-0600(T) 031)852-6930(F)

인터넷서점 www.lifebook.co.kr